미소리

ミソリ 1

「美しい音」で学ぶ初級韓国語

李忠均・崔英姫

朝日出版社

音声ダウンロード

音声再生アプリ「リスニング・トレーナー」(無料)

朝日出版社開発のアプリ、「リスニング・トレーナー (リストレ)」を使えば、教科書の音声をスマホ、タブレットに簡単にダウンロードできます。どうぞご活用ください。

まずは「リストレ」アプリをダウンロード

≫ App Storeはこちら

≫ Google Playはこちら

アプリ【リスニング・トレーナー】の使い方

① アプリを開き、「コンテンツを追加」をタップ

② QRコードをカメラで読み込む

③ QRコードが読み取れない場合は、画面上部に 55712 を入力し「Done」をタップします

QRコードは(株)デンソーウェーブの登録商標です

Webストリーミング音声

https://text.asahipress.com/free/korean/kaiteimisori/index.html

装丁：申智英
※画像素材提供：Shutterstock.com
イラスト：申智英

まえがき

『ミソリ1―「美しい音」で学ぶ初級韓国語―』は、2019年に出版されてから5年間、大学などの教材として使われていましたが、より充実した韓国語学習のため、各課の構成や内容を大幅に修正し、今回改訂版の出版に至りました。「ミソリ」は「美しい音」という意味で名付けました。本書は、韓国語を学び始める人を対象として、発音編と本編を含む全17課を週1回の100分授業で1年間学習する構成になっています。

本書の特徴は次のとおりです。

① 本編の各課は、その課で学習する文法などの説明や例文、学習した内容をチェックする練習問題のある「表現」と、韓国の大学へ留学に行った日本人男性のジュンと1年先輩の韓国人女性のユナ、2人の話し合いが中心となる「会話」、そして発展的な学習ができる応用・活用型練習問題「書いてみよう」と、会話中心のタスク「言ってみよう」の計6ページで構成されています。

② 単語数は約900語であり、テキストの本文と練習問題の単語のレベルは、ハングル能力検定試験5級と4級を目安としたうえで、実用的・実践的単語を付け加えました。なお、単語と表現は、螺旋型カリキュラムに基づき、反復と深化学習ができるように提示されています。

③ 韓国の学校文法に基づき作成したため、例外のないㄹ脱落、ㅡ脱落は規則とみなします。なお、標準発音法の原則に従い、発音においても語中の初声ㅎの無音化などは認めませんが、実際の会話で用いられる発音を紹介するなど、日本で広く使われている文法用語も併用しています。

最後に、本書の誕生や改訂版の出版まで貴重なご助言や細かい要求まで対応してくださった朝日出版社の山田敏之氏と小高理子氏に厚く御礼申し上げます。

2023年9月

李忠均・崔英姫

目次

第1課　韓国・韓国語・ハングル

1. 韓国

韓国（首都ソウル）は日本から最も近い国である。現在、朝鮮半島（韓国では韓半島「ハンバンド」と呼ぶ）の南には大韓民国（韓国）、北には朝鮮民主主義人民共和国（北朝鮮）という国があり、1991年、同時に国際連合に加盟した。韓国の面積は約100,430㎞²、北朝鮮は約120,540㎞²であり、人口は韓国が約5,156万人、北朝鮮が約2,567万人である。ちなみに、日本の面積は約378,000㎞²、人口は約1億2,700万人である。

韓国（北朝鮮を含む）の歴史はおよそ以下のとおり。

古朝鮮（？～B.C.108）— 三国時代（高句麗・百済・新羅、B.C.1世紀～A.D.670）
— 南北国時代（新羅B.C.57～935、渤海698～926）— 高麗（918～1392）
— 朝鮮（1392～1910）

2. 韓国語

日本では韓国語、朝鮮語、コリア語、ハングルという表現も使われており、この中で、朝鮮語という表現がニュートラルな名称（朝鮮半島の言葉）という認識があり、幅広く使われていた。しかし現在は、北朝鮮のみの言葉という誤解を招く恐れがあるため、最近は韓国語という表現が一般的に用いられており、本書においても「韓国語」と記すことにする。言語関連の公式的な統計資料を提供しているエスノローグ（www.ethnologue.com）によると、2023年3月現在、母国語として韓国語を使用する人口は7,730万人で世界14位である（1位中国語、2位スペイン語、3位英語、8位日本語)。なお、世界で学習者の多い言語としては、韓国語が6位に位置している。(1位英語、5位日本語)

3. ハングル（한글）

ハングルは日本語の仮名のように韓国語の文字を表す言葉で、時々聞かれる「ハングル語」という言い方は誤った表現である。ハングルは、1443年12月朝鮮4代王である世宗（セジョン）により創製され、1446年9月「訓民正音」という名で頒布された。韓国では「訓民正音」が公表された日10月9日を「ハングルの日」（한글날）といい、祝日と定められている。

朝鮮4代王 世宗

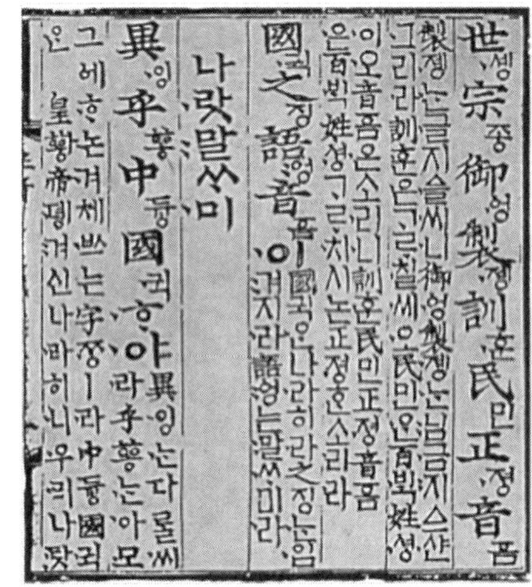

世솅宗종御엉製졩訓훈民민正졍音흠

國귁之징語엉音흠이

나랏말ᄊᆞ미

異잉乎홍中듕國귁ᄒᆞ야

訓民正音

ハングルは母音21字、子音19字からなる文字である。ハングルの文字体系と使用方法を知らせるために作られた「訓民正音解例本」（世界記録遺産、1997）によると、子音は発音する際の発音器官を象って基本字を作り［象形の原理］、その基本字に画を加えるなどとし、多様な音を表現した［加画の原理］。なお、その子音字を終声字としても使用する［終声の制字原理］。母音の基本字は、自然（天・地・人）を象って作り［象形の原理］、母音の基本字を合わせ、他の母音を作り上げた［合成の原理］。

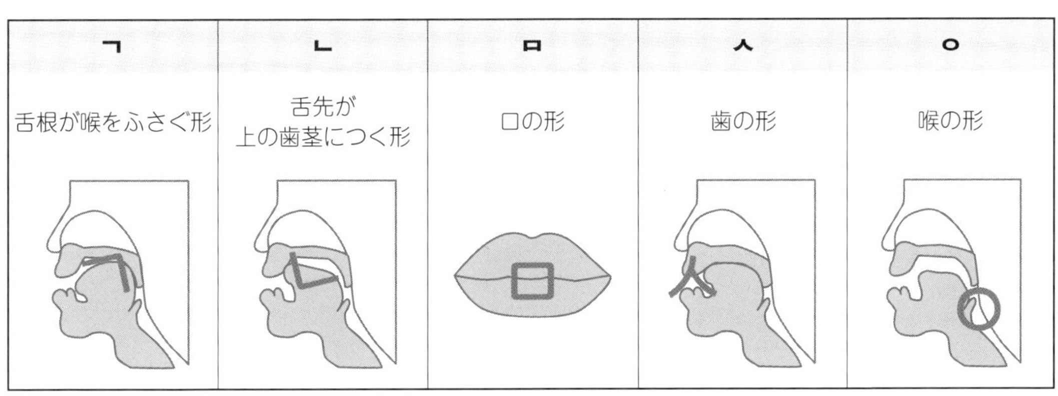

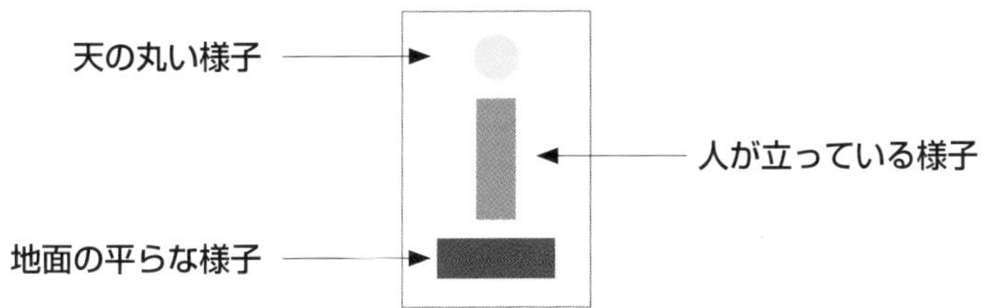

基本的に音節頭の子音を初声、母音を中声、音節末の子音を終声と呼ぶ。「マ」を例にすれば、マ（ma）の「m」は子音（初声）、「a」は母音（中声）に該当する。ハングルは、初声に子音字、中声に母音字、終声に子音字（パッチム）を使う仕組みで成り立つ文字であり、その組み合わせは、以下のように「子音字+母音字」と「子音字+母音字+子音字」の２通りがある。

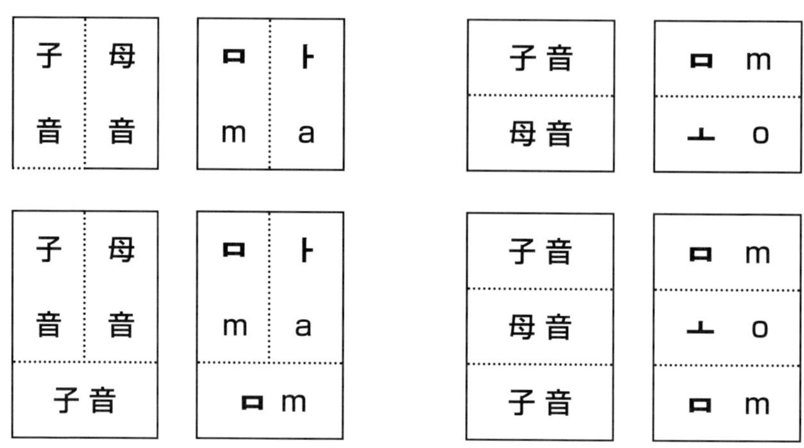

なお、韓国語は語順、助詞の使用など日本語と類似性があることから、日本人にとっては非常に習いやすい言語でもある。

한국	은	일본	(의)	옆	에	있습니다
韓国	は	日本	の	隣	に	あります

1-2

韓国語の挨拶表現

안녕하세요. アンニョンハセヨ	こんにちは。
만나서 반갑습니다. マンナソ バンガプスムニダ	お会いできてうれしいです。
감사합니다. カムサハムニダ	ありがとうございます。
안녕히 계세요. アンニョンヒ ゲセヨ	さようなら。(残る側に対して)
안녕히 가세요. アンニョンヒ ガセヨ	さようなら。(去る側に対して)

◆ 大韓民国

평양
(平壤)
북한
(北朝鮮)
금강산
(金剛山)
⑥ 설악산
판문점
(板門店)
① 서울
⑤ 춘천
강원도
⑦ 강릉
2018
강화도
② 인천
⑧ 평창
경기도
④ 용인
③ 수원
민속촌
N서울타워
충청북도
⑫ 문경
㉕ 울릉도
충청남도
천안
경상북도
⑬ 안동
寺國佛
세종
⑨ 부여
⑩ 공주
⑪ 대전
대천
⑮ 대구
⑯ 경주
⑭ 전주
합천 해인사
울산
전라북도
경상남도
⑰ 지리산
㉑ 부산
해운대
⑱ 광주
전라남도
통영
염전
⑲ 목포
㉒ 여수
⑳ 진도
일본
(日本)
성산일출봉
㉓ 제주도
공항
서귀포
㉔ 한라산

第2課 母音

1. 単母音

1-3

音を出している間、唇の形や舌の位置が変わらない母音。

ㅏ	/a/	「ア」とほぼ同じだが、 口を開ける		a
ㅓ	/ʌ/	「オ」に近いが、 口を開ける		eo
ㅗ	/o/	口を突き出し、 「オ」より唇を丸める		o
ㅜ	/u/	口を突き出し、 「ウ」より唇を丸める		u
ㅡ	/ɨ/	「ウ」に近いが、 唇を平らにする		eu
ㅣ	/i/	「イ」とほぼ同じ		i
ㅐ	/æ/	「エ」に近いが、 口を開ける		ae
ㅔ	/e/	「エ」とほぼ同じ		e

練習1 発音しながら書いてみましょう。 1-4

	ㅏ	ㅓ	ㅗ	ㅜ	ㅡ	ㅣ	ㅐ	ㅔ
ㅇ	아	어	오	우	으	이	애	에
ㅇ								
ㅇ								

✻ 短母音の調音

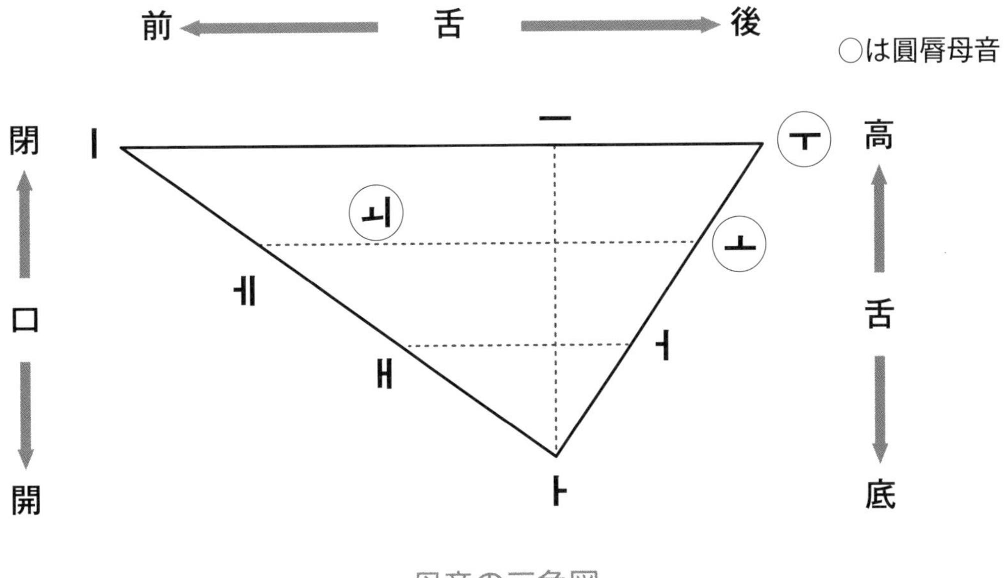

母音の三角図

1-5

2. 二重母音

唇の形か舌の位置が音を出す開始時と終了時で異なる母音。

ㅑ	/ja/	「ヤ」とほぼ同じだが、口を開ける	ㅣ + ㅏ	ya
ㅕ	/jʌ/	「ヨ」に近いが、口を開ける	ㅣ + ㅓ	yeo
ㅛ	/jo/	口を突き出し「ヨ」より唇を丸める	ㅣ + ㅗ	yo
ㅠ	/ju/	口を突き出し「ユ」より唇を丸める	ㅣ + ㅜ	yu
ㅒ	/jæ/	「イェ」に近いが、口を開ける	ㅣ + ㅐ	yae
ㅖ	/je/	「イェ」とほぼ同じ	ㅣ + ㅔ	ye
ㅘ	/wa/	「ワ」とほぼ同じ	ㅗ + ㅏ	wa
ㅙ	/wæ/	「ウェ」とほぼ同じ	ㅗ + ㅐ	wae
ㅚ	/we/	「ウェ」とほぼ同じ	ㅗ + ㅣ	oe
ㅝ	/wʌ/	「ウォ」とほぼ同じだが、唇を丸める	ㅜ + ㅓ	wo
ㅞ	/we/	「ウェ」とほぼ同じ	ㅜ + ㅔ	we
ㅟ	/wi/	「ウィ」とほぼ同じだが、唇を丸める	ㅜ + ㅣ	wi
ㅢ	/ɨj/	「ー」と「ㅣ」を一気に発音する	ㅡ + ㅣ	ui

練習2 発音しながら書いてみましょう。

	ㅑ	ㅕ	ㅛ	ㅠ	ㅐ	ㅖ
ㅇ	야	여	요	유	애	예
ㅇ						
ㅇ						

練習3 発音しながら書いてみましょう。

	ㅘ	ㅙ	ㅝ	ㅞ	ㅟ	ㅢ
ㅇ	와	왜	워	웨	위	의
ㅇ						
ㅇ						

練習4 音声を聞いて当てはまるものに○をつけてみましょう。

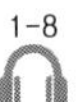

1) 아 · 어　　2) 오 · 어　　3) 우 · 으

4) 에 · 예　　5) 요 · 여　　6) 와요 · 왜요

1-9 **練習5** 音声を聞いて発音してみましょう。

1) 이유　2) 우아　3) 이외　4) 에이
5) 외워요　6) 유의　7) 왜요　8) 의의

✻ 基本母音字

ㅏ ㅑ ㅓ ㅕ ㅗ ㅛ ㅜ ㅠ ㅡ ㅣ

✻ 母音字の辞書順

ㅏ ㅐ ㅑ ㅒ ㅓ ㅔ ㅕ ㅖ ㅗ ㅘ ㅙ ㅚ ㅛ
ㅜ ㅝ ㅞ ㅟ ㅠ ㅡ ㅢ ㅣ

의の発音

語頭以外での「의」は［이］に、助詞「の」の「의」は［에］と発音することが許容される。

	単語・句	原則	許容
語頭	의외 意外	[의웨]	×
語中・語末	의의 意義	[의의]	[의이]
助詞「의」	아이의 우유 子どもの牛乳	[아이의우유]	[아이에우유]

練習6 単語を練習してみましょう。

1-10

1) **이** この、二 　이

2) **아이** 子ども 　아이

3) **오이** きゅうり 　오이

4) **우유** 牛乳 　우유

5) **여우** きつね 　여우

6) **예** はい 　예

7) **와요** 来ます 　와요

8) **위** 上 　위

9) **여유** 余裕 　여유

10) **의외** 意外 　의외

11) **왜** どうして、なぜ 　왜

12) **예의** 礼儀 　예의

第3課 子音

1. 子音 I

ㄱ	/k/ /g/	語頭ではカ行の子音に近い 語中ではガ行の子音に近い	가	ga
ㄴ	/n/	ナ行の子音とほぼ同じ	나	na
ㄷ	/t/ /d/	語頭ではタ行の子音に近い 語中ではダ行の子音に近い	다	da
ㄹ	/r/ /l/	ラ行の子音とほぼ同じ	라	ra
ㅁ	/m/	マ行の子音とほぼ同じ	마	ma
ㅂ	/p/ /b/	語頭ではパ行の子音に近い 語中ではバ行の子音に近い	바	ba
ㅅ	/s/	サ行の子音とほぼ同じ	사	sa
ㅇ	/ø/ /-ŋ/	語頭では音無し 終声としては「ン」に近い	아	a
ㅈ	/ʧ/ /ʤ/	語頭ではチャの子音に近い 語中ではジャの子音に近い	자	ja

練習1 発音しながら書いてみましょう。 1-11

	ㅏ	ㅑ	ㅓ	ㅕ	ㅗ	ㅛ	ㅜ	ㅠ	ㅡ	ㅣ
ㄱ	가	갸	거	겨	고	교	구	규	그	기
ㄴ	나									
ㄷ	다									
ㄹ	라									
ㅁ	마									
ㅂ	바									
ㅅ	사									
ㅇ	아									
ㅈ	자									

練習2 音声を聞いて発音してみましょう。 1-12

1) **교과서**　2) **주의**　3) **드디어**　4) **우리나라**

5) **바다**　6) **누구**　7) **모레**　8) **시계**

「ㅖ」の発音

「예」と「례」以外の「ㅖ」は「ㅔ」とも発音する。

비례[비례] 比例、세계[세계/세게] 世界

1-13 **練習3** 単語を練習してみましょう。

1) **가위** ハサミ	가위		
2) **고기** 肉	고기		
3) **나무** 木	나무		
4) **노래** 歌	노래		
5) **다리** 脚、橋	다리		
6) **두부** 豆腐	두부		
7) **라디오** ラジオ	라디오		
8) **머리** 頭、髪	머리		
9) **바지** ズボン	바지		
10) **소리** 音	소리		
11) **새** 鳥	새		
12) **아버지** 父	아버지		
13) **어머니** 母	어머니		
14) **어제** 昨日	어제		
15) **재미** 面白さ	재미		
16) **주스** ジュース	주스		

2. 子音Ⅱ

ㅊ	/ʧʰ/	「ㅈ」より息を激しく吐きながら発音する	차	cha
ㅋ	/kʰ/	「ㄱ」より息を激しく吐きながら発音する	카	ka
ㅌ	/tʰ/	「ㄷ」より息を激しく吐きながら発音する	타	ta
ㅍ	/pʰ/	「ㅂ」より息を激しく吐きながら発音する	파	pa
ㅎ	/h/	ハ行の子音とほぼ同じ	하	ha
ㄲ	/k*/	「ッ ㄱ」のように息の流れを止め、 のどを緊張させて発音する	까	kka
ㄸ	/t*/	「ッ ㄷ」のように息の流れを止め、 のどを緊張させて発音する	따	tta
ㅃ	/p*/	「ッ ㅂ」のように息の流れを止め、 のどを緊張させて発音する	빠	ppa
ㅆ	/s*/	「ッ ㅅ」のように息の流れを止め、 のどを緊張させて発音する	싸	ssa
ㅉ	/ʧ*/	「ッ ㅈ」のように息の流れを止め、 のどを緊張させて発音する	짜	jja

1-14 **練習4** 発音しながら書いてみましょう。

	ㅏ	ㅑ	ㅓ	ㅕ	ㅗ	ㅛ	ㅜ	ㅠ	ㅡ	ㅣ
ㅊ	차	챠	처	쳐	초	쵸	추	츄	츠	치
ㅋ	카									
ㅌ	타									
ㅍ	파									
ㅎ	하									
ㄲ	까									
ㄸ	따									
ㅃ	빠									
ㅆ	싸									
ㅉ	짜									

1-15 **練習5** 平音、激音、濃音の音の違いに注意して発音してみましょう。

1) **가 / 카 / 까**

2) **다 / 타 / 따**

3) **바 / 파 / 빠**

4) **사 / - / 싸**

5) **자 / 차 / 짜**

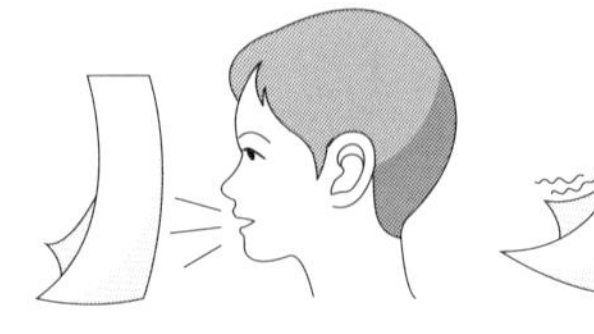
平音

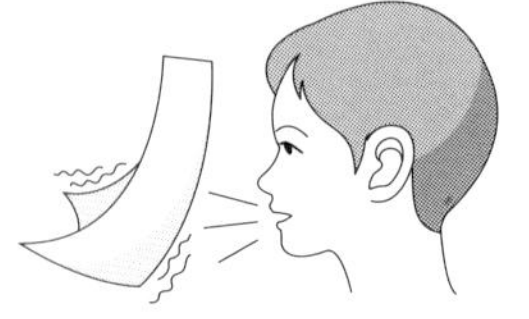
激音

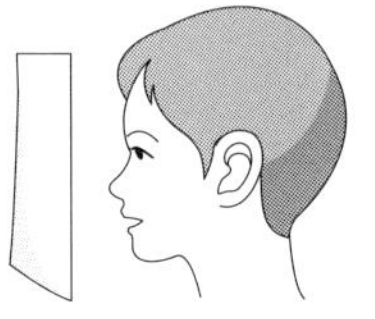
濃音

練習6 音声を聞いて発音してみましょう。 1-16

1) 바빠요　2) 치마　3) 코끼리　4) 수프　5) 비싸다

6) 하나　7) 스웨터　8) 가짜　9) 어때요?　10) 회화

練習7 単語を練習してみましょう。 1-17

1) 최고 最高	최고			
2) 커피 コーヒー	커피			
3) 취미 趣味	취미			
4) 코 鼻	코			
5) 티셔츠 Tシャツ	티셔츠			
6) 표 チケット	표			
7) 회사 会社	회사			
8) 까치 カササギ	까치			
9) 또 また	또			
10) 오빠 兄(妹から)	오빠			
11) 아저씨 おじさん	아저씨			
12) 짜요 しょっぱいです	짜요			

第4課 パッチムおよび子音字のまとめ

1-18 1. パッチムの発音

パッチム	平音・激音・濃音	鼻音	流音
	無声音	有声音	
K型	악 ㄱ ㅋ ㄲ (ㄳ ㄺ*)	앙 ㅇ	
T型	앋 ㄷ ㅌ ㅅ ㅆ ㅈ ㅊ ㅎ	안 ㄴ (ㄵ ㄶ)	알 ㄹ (ㄼ* ㄽ ㄾ ㅀ)
P型	압 ㅂ ㅍ (ㅄ ㄿ)	암 ㅁ (ㄻ)	

▶最初の文字は各グループを代表する音を示す。

1-19 **練習1** 音声を聞いて発音してみましょう。

1) **방** 部屋　　2) **반** 半　　3) **밤** 夜　　4) **발** 足

5) **박** 朴　　6) **밭** 畑　　7) **밥** ご飯

❶ 発音のコツ

・無声音：息を外に出さずに声を出す。

・鼻音：鼻で息を出す。

・流音：喉を揺らし、前舌を上の歯茎につける。

❷ 二文字パッチムの発音

1-20

パッチムの発音は7通りであり、二文字パッチムはどちらか1つを読む。

*ㄺパッチムは、原則的に右側を読むが、その後にㄱが続く場合はㄹと発音する。

(例) 읽다 [익따] 読む　　읽기 [일끼] 読むこと

*ㄼパッチムは左側のㄹに発音するが、「밟-」の場合、その次に子音が続く時は右側のㅂと発音する。

(例) 여덟 [여덜] 八つ　　넓다 [널따] 広い

밟다 [밥따] 踏む　　밟고 [밥꼬] 踏んで

練習2 音声を聞いて発音してみましょう。

1-21

1) 한글　2) 선생님　3) 책　4) 밖　5) 닭

6) 곧　7) 맛　8) 앞　9) 집　10) 삼십

子音の名称

1-22

ㄱ 기역	ㄴ 니은	ㄷ 디귿	ㄹ 리을	ㅁ 미음
ㅂ 비읍	ㅅ 시옷	ㅇ 이응	ㅈ 지읒	ㅊ 치읓
ㅋ 키읔	ㅌ 티읕	ㅍ 피읖	ㅎ 히읗	
ㄲ 쌍기역	ㄸ 쌍디귿	ㅃ 쌍비읍	ㅆ 쌍시옷	ㅉ 쌍지읒

*子音字の名前は、規則性があり、●I 으●となる。기역, 디귿, 시옷を除く。

1-23 **練習3** 単語を練習してみましょう。

1) **값** 値段 값

2) **꽃** 花 꽃

3) **노력** 努力 노력

4) **대학** 大学 대학

5) **딸** 娘 딸

6) **마음** 心 마음

7) **봄** 春 봄

8) **빵** パン 빵

9) **서울** ソウル 서울

10) **얼굴** 顔 얼굴

11) **여덟** ハつ 여덟

12) **옷** 服 옷

13) **일본** 日本 일본

14) **전철** 電車 전철

15) **창문** 窓 창문

16) **한국** 韓国 한국

2. 子音字のまとめ

❶ 子音字の制字の原理

・象形：発音器官を象って作る。

・加画：画を加えて作る。

・並書：同じ文字を並んで書く。

・異体：画を加えることと関係なく作る。

基本	加画	並書	異体
ㄱ	ㅋ	ㄲ	ㆁ（パッチム）
ㄴ	ㄷ, ㅌ	ㄸ	ㄹ
ㅁ	ㅂ, ㅍ	ㅃ	―
ㅅ	ㅈ, ㅊ	ㅆ, ㅉ	―
ㅇ	ㅎ	―	―

❷ 調音方法及び位置

<table>
<tr><th colspan="3">調音位置
調音方法</th><th>両唇音</th><th>歯茎音</th><th>硬口蓋音</th><th>軟口蓋音</th><th>声門音</th></tr>
<tr><td rowspan="8">無声音</td><td rowspan="3">破裂音</td><td>平音</td><td>ㅂ</td><td>ㄷ</td><td></td><td>ㄱ</td><td></td></tr>
<tr><td>濃音</td><td>ㅃ</td><td>ㄸ</td><td></td><td>ㄲ</td><td></td></tr>
<tr><td>激音</td><td>ㅍ</td><td>ㅌ</td><td></td><td>ㅋ</td><td></td></tr>
<tr><td rowspan="3">破擦音</td><td>平音</td><td></td><td></td><td>ㅈ</td><td></td><td></td></tr>
<tr><td>濃音</td><td></td><td></td><td>ㅉ</td><td></td><td></td></tr>
<tr><td>激音</td><td></td><td></td><td>ㅊ</td><td></td><td></td></tr>
<tr><td rowspan="2">摩擦音</td><td>平音</td><td></td><td>ㅅ</td><td></td><td></td><td rowspan="2">ㅎ</td></tr>
<tr><td>濃音</td><td></td><td>ㅆ</td><td></td><td></td></tr>
<tr><td rowspan="2">有声音</td><td colspan="2">鼻音</td><td>ㅁ</td><td>ㄴ</td><td></td><td>ㅇ</td><td></td></tr>
<tr><td colspan="2">流音</td><td></td><td>ㄹ</td><td></td><td></td><td></td></tr>
</table>

3. 子音字のまとめ仮名の表記

◆仮名のハングル表記法(1986年制定)

カナ	ハングル	
	語頭	語中・語末
ア イ ウ エ オ	아 이 우 에 오	
カ キ ク ケ コ	가 기 구 게 고	카 키 쿠 케 코
サ シ ス セ ソ	사 시 스 세 소	
タ チ ツ テ ト	다 지 쓰 데 도	타 치 쓰 테 토
ナ ニ ヌ ネ ノ	나 니 누 네 노	
ハ ヒ フ ヘ ホ	하 히 후 헤 호	
マ ミ ム メ モ	마 미 무 메 모	
ヤ イ ユ エ ヨ	야 이 유 에 요	
ラ リ ル レ ロ	라 리 루 레 로	
ワ (ヰ) ウ (ヱ) ヲ	와 (이) 우 (에) 오	
ン	(パッチム)ㄴ	
ッ	(パッチム)ㅅ	
ガ ギ グ ゲ ゴ	가 기 구 게 고	
ザ ジ ズ ゼ ゾ	자 지 즈 제 조	
ダ ヂ ヅ デ ド	다 지 즈 데 도	
バ ビ ブ ベ ボ	바 비 부 베 보	
パ ピ プ ペ ポ	파 피 푸 페 포	
キャ キュ キョ	갸 규 교	캬 큐 쿄
ギャ ギュ ギョ	갸 규 교	
シャ シュ ショ	샤 슈 쇼	
ジャ ジュ ジョ	자 주 조	
チャ チュ チョ	자 주 조	차 추 초
ニャ ニュ ニョ	냐 뉴 뇨	
ヒャ ヒュ ヒョ	햐 휴 효	
ビャ ビュ ビョ	뱌 뷰 뵤	
ピャ ピュ ピョ	퍄 퓨 표	
ミャ ミュ ミョ	먀 뮤 묘	
リャ リュ リョ	랴 류 료	

✻ 近年メディアをはじめとする仮名のハングル表記法には、一つの仮名に対するハングル表記を語頭と語中・語末で区別しない傾向が現れている（調音位置と関係なく、例えば、清音の「カ」と「タ」は「카」と「타」で、濁音の「ガ」と「ダ」は「가」と「다」）。また、「ツ」も츠で表記する頻度が高くなりつつある。

練習4 名前を書いてみましょう。

（例）	坂井ジュン	사카이 준
	田中サツキ	다나카 사쓰키 / 타나카 사츠키

◆町の中でハングル表記を探してみよう！

東京 도쿄　大阪 오사카　京都 교토　福岡 후쿠오카　札幌 삿포로…

横浜駅

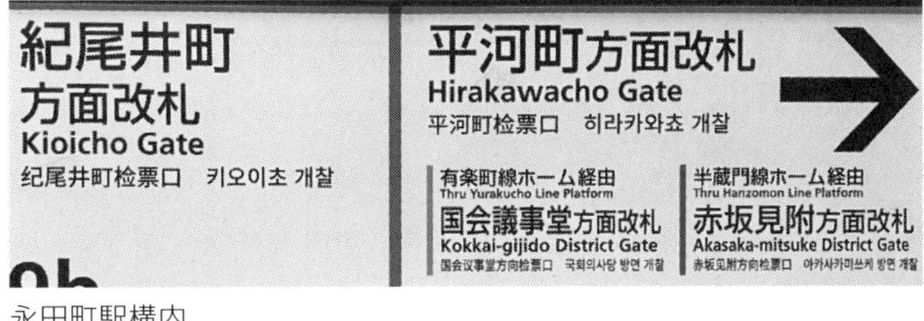

永田町駅構内

ソウル市 군자駅の仮名表記

第5課 発音ルール

1-24 

1. 連音化(終声の初声化)

❶ 1文字パッチムの連音化

音節が2つ以上連なる場合、前の音節末子音(パッチム、終声)があって、続く音節の初声がㅇ(音無し子音)のとき、前の音節のパッチムは後続する音節の母音と一緒に、初声として発音される。これを連音化という。しかし、パッチムㅇは連音化せず、そのまま発音する。

(例) 단어[다너] 単語　　발음[바름] 発音　　영어[영어] 英語

❷ 2文字パッチムの連音化

異なる子音字からなる2文字パッチムの場合、右側の子音だけが次の音節の母音と一緒に、初声として発音される。パッチムㄲ、ㅆはそのまま連音化される。

(例) 젊은이[절므니] 若者　　읽어요[일거요] 読みます　　있어요[이써요] あります

練習1 次の単語を発音通り書いてみましょう。

1)	국어 国語	[구거]	2)	편의점 コンビニ	[ ]
3)	종이 紙	[ ]	4)	행운 幸運	[ ]
5)	닦아요 磨きます	[ ]	6)	밝아요 明るいです	[ ]
7)	앉아요 座ります	[ ]	8)	짧아요 短いです	[ ]

1-25

2. 鼻音化

パッチムK型[ㄱ]、T型[ㄷ]、P型[ㅂ]の後に鼻音ㄴ、ㅁが続くとき、それぞれのパッチムが鼻音に同化され、それぞれ鼻音K型[ㅇ]、T型[ㄴ]、P型[ㅁ]に変わる現象を「終声の鼻音化」という。

(例) 학년[항년] 学年　　끝나다[끈나다] 終わる　　갑니다[감니다] 行きます

練習2 次の単語を発音通り書いてみましょう。

1) **입문** 入門 [　　　　] 2) **백만** 百万 [　　　　]

3) **한국말** 韓国語 [　　　　] 4) **맛있는** 美味しい(連体形) [　　　　]

5) **옛날** 昔 [　　　　] 6) **국내** 国内 [　　　　]

3. 激音化

1-26

ㅎとㄱ, ㄷ, ㅂ, ㅈが繋がる場合、激音（ㄱ+ㅎ→ㅋ, ㄷ+ㅎ→ㅌ, ㅂ+ㅎ→ㅍ, ㅎ+ㅈ→ㅊ）になる。なお、パッチムㄶ, ㅀの後にㄱ, ㄷ, ㅈが続く場合も激音化が生じる。

(例) 축하[추카] お祝い　입학[이팍] 入学　좋지 않다[조치안타] 良くない

練習3 次の単語を発音通り書いてみましょう。

1) **좋다** 良い [　　　　] 2) **싫다** いやだ [　　　　]

3) **백화점** デパート [　　　　] 4) **급행** 急行 [　　　　]

5) **특히** 特に [　　　　] 6) **따뜻하다** 暖かい [　　　　]

4. 濃音化

1-27

パッチム[ㄱ], [ㄷ], [ㅂ]に続く平音のㄱ, ㄷ, ㅂ, ㅅ, ㅈが、濃音のㄲ, ㄸ, ㅃ, ㅆ, ㅉで発音される現象をいう。なお、パッチムㄴ, ㄹ, ㅁの後に濃音化される場合もある。

(例) 학교[학꾜] 学校　있다[읻따] ある·いる　맵다[맵따] 辛い　신다[신따] 履く

練習4 次の単語を発音通り書いてみましょう。

1) **입다** 着る [　　　　] 2) **학생** 学生 [　　　　]

3) **숟가락** スプーン [　　　　] 4) **벗다** 脱ぐ [　　　　]

5) **졸업식** 卒業式 [　　　　] 6) **옷장** クローゼット [　　　　]

1-28
5. 流音化

流音ㄹの影響で、ㄹの前後でのㄴがㄹと発音される現象である。

(例) 설날[설랄] お正月　　연락[열락] 連絡　　오늘날[오늘랄] 今日

練習5 次の単語を発音通り書いてみましょう。

1) **관련** 関連 [　　　　　　]　　2) **물놀이** 水遊び [　　　　　　]

1-29
6. 口蓋音化

パッチムㄷ, ㅌに続く音節が「이」の場合、[디], [티] と発音されず、それぞれ口蓋音の[지], [치] になる。

(例) 같이[가치] 一緒に　　해돋이[해도지] 日の出

練習6 次の単語を発音通り書いてみましょう。

1) **굳이** あえて [　　　　　　]　　2) **붙이다** 付ける [　　　　　　]

1-30

7. パッチムㅎの発音

パッチムㅎやパッチムㄶ, ㅀの後に母音が続く場合、ㅎを発音しない。

(例) 좋아하다[조아하다] 好きだ　　싫어하다[시러하다] 嫌いだ

練習7 次の単語を発音通り書いてみましょう。

1) **많아요** 多いです [　　　　　　]　　2) **잃어버리다** なくす [　　　　　　]

1-31
8. ㅎ発音の弱化

ㅎは母音と母音の間、パッチムㄴ, ㄹ, ㅁ, ㅇと母音の間で弱く（ほぼ無音のㅇのように）発音される場合もある。

(例) 결혼[결혼/겨론] 結婚　　전화번호[전화번호/저놔버노] 電話番号

유행[유행/유앵] 流行

練習8 次の単語を発音通り書いてみましょう。

1) 은행 銀行 [　　　/　　　]　2) 방학 (学校の)休み [　　　/　　　]

3) 공항 空港 [　　　/　　　]　4) 영화 映画 [　　　/　　　]

◆ 数詞を読んでみましょう。　1-33

	漢語数詞	固有数詞
0	영/공	-
1	일	하나
2	이	둘
3	삼	셋
4	사	넷
5	오	다섯
6	육	여섯
7	칠	일곱
8	팔	여덟
9	구	아홉
10	십	열
11	십일	열하나
12	십이	열둘
13	십삼	열셋
14	십사	열넷
15	십오	열다섯

제6과 저는 사카이 준입니다

表現

1-34

1 -은/는　～は

「～は」と同じ役割(主題・対比)をする助詞。은が付く際、音無しの子音字ㅇの位置に直前のパッチムが移動し、発音される(連音化、終声の初声化)。

子音終わり	-은	母音終わり	-는
제 이름	제 이름은	나	나는
우리 집	우리 집은	학교	학교는

練習1 (　　　)に助詞を書き入れて、読んでみましょう。

1) 교과서(　　)　　教科書は
2) 한국(　　)　　韓国は
3) 노래(　　)　　歌は
4) 대학생(　　)　　大学生は

1-35

2 -입니다, -입니까?　～です・～ですか

指定詞이다(～である、～だ)の-다の代わりに-ㅂ니다, -ㅂ니까を用い、「～です」「～ですか」の意味を表す。

平叙形	-입니다	친구입니다.	友だちです。
疑問形	-입니까?	회사원입니까?	会社員ですか。

제 이름은 ○○○입니다.　　私の名前は○○○です。
학교는 어디입니까?　　学校はどこですか。

練習2 当てはまる言葉を書き入れて、文を完成させましょう。

1) 취미(　　) 요리__________________. 　趣味は料理です。

2) 이것(　　) 무엇__________________? 　これは何ですか。

3) 여기(　　) 도서관__________________. 　ここは図書館です。

4) 동생(　　) 누구__________________? 　妹/弟は誰ですか。

練習3 例にならい、会話を完成させましょう。

1-36

선생님

(例) 유리 씨는 선생님입니까? 　ユリさんは先生ですか。

네, 유리 씨는 선생님입니다. 　はい、ユリさんは先生です。

학생

1) 동생은 학생입니까? 　弟/妹は学生ですか。

기자

2) 소희 씨는 기자입니까? 　ソヒさんは記者ですか。

축구 선수

3) 모리타 씨는 축구 선수입니까? 　森田さんはサッカー選手ですか。

배우

4) 민호 씨는 배우입니까? 　ミンホさんは俳優ですか。

경찰

5) 누나는 경찰입니까? 　お姉さんは警察官ですか。

1-37

3 -이/가 아닙니다, -이/가 아닙니까?　～ではありません・～ではありませんか

指定詞아니다は、あることを否定する意味であり、補格助詞-이/가と共に用いられる。-다の代わりに-ㅂ니다, -ㅂ니까を用い、「～ではありません」「～ではありませんか」の意味を表す。

子音終わり	平	-이 아닙니다	전철이 아닙니다.	電車ではありません。
	疑	-이 아닙니까?	전철이 아닙니까?	電車ではありませんか。
母音終わり	平	-가 아닙니다	버스가 아닙니다.	バスではありません。
	疑	-가 아닙니까?	버스가 아닙니까?	バスではありませんか。

이 학년이 아닙니까?　　2年生ではありませんか。

그것은 자동차가 아닙니다.　　それは自動車ではありません。

練習4 当てはまる言葉を書き入れて、文を完成させましょう。

1) 회사원(　　) ______________________.　　会社員ではありません。

2) 의사(　　) ______________________?　　医者ではありませんか。

3) 어제(　　) ______________________.　　昨日ではありません。

4) 시험(　　) 오늘(　　) ______________?　　試験は今日ではありませんか。

1-38

練習5 例にならい、会話を完成させましょう。

(例)　커피 コーヒー
물입니까?　お水ですか。
→ 아니요, 물이 아닙니다. 커피입니다.
いいえ、水ではありません。コーヒーです。

1)　바지 ズボン
치마입니까?　スカートですか。
→

2)　연필 鉛筆
볼펜입니까?　ボールペンですか。
→

3)　오후 午後
오전입니까?　午前ですか。
→

会話

준: 안녕하십니까? 저는 사카이 준입니다.

윤아: 안녕하세요? 저는 김윤아입니다.

준: 윤아 씨는 일 학년입니까?

윤아: 아니요, 저는 일 학년이 아닙니다.
이 학년입니다.

준: 반갑습니다. 잘 부탁합니다.

新しい語彙と発音

1-40

- □ 안녕하십니까? 挨拶のことば
- □ 안녕하세요? 挨拶のことば
- □ 학년 ～年生
- □ 이 二
- □ 잘 よろしく
- □ 저 私
- □ ～씨 ～さん、～氏
- □ 아니요 いいえ
- □ 반갑습니다 (お会いできて) 嬉しいです
- □ 부탁합니다 お願いします
- □ -이다 ～だ、～である
- □ 일 一
- □ 아니다 ～ではない

- □ 안녕하십니까[안녕하심니까]
- □ 일 학년[일항년/이랑년]
- □ -입니다[임니다]
- □ 아닙니다[아님니다]
- □ 학년[항년]
- □ 반갑습니다[반갑씀니다]

書いてみよう

次の日本語を韓国語に訳してみましょう。

1) 私は日本人です。 〔日本人 일본 사람〕

저	는		일	본		사	람	입	니	다	.								

2) 日本の首都は東京です。 〔の 의, 首都 수도〕

								도	쿄			.							

3) 今日は○曜日です。○曜日ではありません。 〔月~日 월·화·수·목·금·토·일〕

					요	일				.									.

4) 私は大学○年生です。 〔大学 대학교, 1~4 일·이·삼·사〕

			대	학	교									.					

5) 私の友達はアメリカ人です。大学生です。高校生ではありません。

〔私の 제, アメリカ人 미국 사람, 高校生 고등학생〕

제		친	구											.					
	.	고	등	학	생							.							

6) 中国の首都はどこですか。 〔中国 중국, どこ 어디〕

													?						

7) 横浜は初めてではありませんか。 〔横浜 요코하마, 初めて 처음〕

요	코	하	마			처	음							?					

言ってみよう

韓国語で自己紹介をしてみましょう。

1-41

안녕하세요?	こんにちは。
제 이름은 ＿＿＿＿＿＿입니다.	私の名前は ＿＿＿＿です。
저는 ＿＿＿＿＿＿입니다.	私は (国籍·職業) です。
취미는 ＿＿＿＿＿＿입니다.	趣味は ＿＿＿＿です。
＿＿＿＿＿＿에 삽니다.	＿＿＿＿に住んでいます。
반갑습니다.	(お会いできて)うれしいです。

国 나라

일본 日本　미국 アメリカ　독일 ドイツ　프랑스 フランス
영국 イギリス　중국 中国　인도 インド　호주 オーストラリア
태국 タイ　베트남 ベトナム　브라질 ブラジル　이탈리아 イタリア

趣味・特技　취미・특기

독서 読書　영화 감상 映画鑑賞　음악 감상 音楽鑑賞　여행 旅行
수영 水泳　야구 野球　스포츠 경기 관람 スポーツ観戦
요리 料理　댄스 ダンス　피아노 연주 ピアノ演奏　게임 ゲーム

제 7 과 저는 매일 한국어를 공부합니다

表現

1-42 1 -이/가 ～が

「～が」に相当する主格助詞。なお、投げかけの疑問文での「～は」でも이/가を用いる。

子音終わり	-이	母音終わり	-가
수업	수업이	학교	학교가
방	방이	문화	문화가

練習1 (　　　)に助詞を書き入れて、文を読んでみましょう。

1) 가게(　　) 있어요.　　店があります。
2) 음식(　　) 맛있어요.　　食べ物が美味しいです。
3) 값(　　) 비싸요.　　値段が高いです。
4) 회사(　　) 어디입니까?　　会社はどこですか。

1-43 2 -ㅂ니다/습니다 (합니다体) ～です・～ます

動詞・形容詞・指定詞の基本形の語幹（意味を持つ部分）に-ㅂ니다/습니다が付き、かしこまった場での丁寧な「～です・～ます」の意味を表す。疑問形は、語幹に-ㅂ니까?/습니까?が付く。

✽ 합니다体は、「～です・～ます」だけでなく「～ています」の意味も内包している。

(例) 비가 옵니다.　雨が降ります。/ 雨が降っています。

語幹	基本形	平	疑	例	
母音終わり	크다	-ㅂ니다	-ㅂ니까?	큽니까?	大きいですか。
ㄹ語幹（ㄹ脱落）	살다			삽니다.	住んでいます。
子音終わり	먹다	-습니다	-습니까?	먹습니다.	食べます。

방이 큽니다.　　部屋が大きいです。
서울에 삽니다.　　ソウルに住んでいます。
밥 먹습니까?　　ご飯、食べますか。

練習2 例にならい、**합니다**体を書いて、読んでみましょう。

（例） 작다 小さい　작습니다. / 작습니까?

1） 많다 多い

2） 적다 少ない

3） 가다 行く

4） 오다 来る

5） 멀다 遠い

6） 만들다 作る

7） 일하다 働く

8） 쉬다 休む

練習3 例にならい、文を作りましょう。

（例）
꽃 / 예쁘다　꽃이 예쁩니다.
花が綺麗です。

1）
아이 / 울다
子どもが泣いています。

2）
병원 / 가깝다
病院が近いです。

3）
회의 / 있다
会議があります。

4）
물 / 따뜻하다
水が温かいです。

1-44

3 -을/를 ～を

「～を」に相当する目的格助詞。「～に乗る」、「～に会う」の場合も、을/를が付き「-을/를 타다」、「-을/를 만나다」と表現する。

子音終わり	-을	母音終わり	-를
밥	밥을	축구	축구를
운동	운동을	한국어	한국어를

練習4 (　　　)に助詞を書き入れて、文を読んでみましょう。

1) 책(　　) 읽어요.　　本を読みます。

2) 영어(　　) 배워요?　　英語を習いますか。

3) 친구(　　) 만나요.　　友だちに会います。

4) 지하철(　　) 타요.　　地下鉄に乗ります。

練習5 例にならい、文を作りましょう。

(例)　청소 / 하다　　청소를 합니다.
　掃除をしています。

1)　음악 / 듣다　　＿＿＿＿＿＿＿＿
　音楽を聞いていますか。

2)　리포트 / 쓰다　　＿＿＿＿＿＿＿＿
　レポートを書きますか。

3)　돈 / 벌다　　＿＿＿＿＿＿＿＿
　お金を稼ぎます。

4)　옷 / 사다　　＿＿＿＿＿＿＿＿
　洋服を買います。

会話

1-45

준 : 저는 매일 한국어를 공부합니다.

윤아: 한국어는 재미있습니까?

준 : 네, 재미있습니다.

하지만, '받침' 이 조금 어렵습니다.

윤아: 아, '받침' ? 그래도 발음이 정말 좋습니다.

준 : 감사합니다.

1-46

新しい語彙と発音

□ 매일 毎日	□ 한국어 韓国語	□ 공부하다 勉強する
□ 재미있다 面白い、楽しい	□ 네 はい、ええ	□ 하지만 しかし、ところが
□ 받침 パッチム、終声	□ 조금 少し	□ 어렵다 難しい
□ 아 あ、ああ！	□ 그래도 それでも	□ 발음 発音
□ 정말 本当に、とても	□ 좋다 良い	□ 감사하다 ありがたい

□ -합니다[함니다]
□ 재미있습니까[재미읻씀니까/재미이씀니까]
□ 어렵습니다[어렵씀니다]
□ 좋습니다[조씀니다/조씀니다]

書いてみよう

次の日本語を韓国語に訳してみましょう。

1) 春には桜が咲きます。桜は本当に美しいです。

〔に 에, 桜 벚꽃, 咲く 피다, 美しい 아름답다〕

				벚	꽃														

2) 夏はとても暑いです。海へ行きます。水泳をします。

〔夏 여름, 暑い 덥다, 海 바다, へ 에, 水泳 수영〕

3) 秋の風は涼しいです。人々は紅葉を見ます。

〔秋の風 가을 바람, 涼しい 시원하다, 人々 사람들, 紅葉 단풍, 見る 보다〕

4) 冬は寒いです。しかし、冬のスポーツは楽しいです。

〔冬 겨울, 寒い 춥다, 冬のスポーツ 겨울 스포츠〕

의（〜の）の使い方

前後の単語の関係が明確な場合、「의」が付かなかったり、省略されたりすることが多い。

韓国語の講義	한국어 강의	駅の前	역 앞
冬のスポーツ	겨울 스포츠	英語の宿題	영어 숙제

言ってみよう

皆さんは平日や週末には普段何をしていますか。
次のように、発表してみましょう。

1-47

저는 매일 컴퓨터를 합니다.	私は毎日パソコンをしています。
평일에는 보통 한국어 공부를 합니다.	平日（に）は普段韓国語の勉強をしています。
그리고 학교 숙제를 합니다.	そして学校の宿題をします。
주말에는 아르바이트를 합니다.	週末（に）はアルバイトをしています。
그리고 친구를 만납니다.	そして友だちに会います。

参考単語　참고 단어

과자 お菓子	녹차 緑茶	홍차 紅茶	한국 음식 韓国料理
전화 電話	운동 運動	수영 水泳	달리기 ランニング、走り
신문 新聞	잡지 雑誌	이메일 メール	드라마 ドラマ
과제 課題	소설 小説	버스 バス	자전거 自転車
일 仕事	영화 映画	일기 日記	케이팝 K-POP
보다 見る、観る	쓰다 書く	듣다 聞く	타다 乗る
먹다 食べる	마시다 飲む	만들다 作る	읽다 読む

제 8 과 어디 살아요?

表現

1-48

1 -아요/어요 (해요体) ～です・～ます

動詞・形容詞の語幹に-아요/어요が付き、「～です・～ます」の意味を表す。なお、하다類の用言には-여요が付き、하여요の縮約形である해요と表現する。「합니다体」より親しみのある丁寧な言い方で、会話で多用されている。

語幹の母音	基本形	平	疑	例	
ㅏ, ㅗ	살다	-아요	-아요?	살아요?	住んでいますか。
	좋다			좋아요.	良いです。
	가다	-~~아~~요	-~~아~~요?	가요.	行きます。
ㅏ, ㅗ以外	먹다	-어요	-어요?	먹어요.	食べます。
	만들다			만들어요?	作りますか。

基本形(하다用言)	平	疑	例
공부**하**다	-여요	-여요?	공부[하여]요 → 공부[해]요. 勉強します。
유명**하**다			유명[하여]요 → 유명[해]요? 有名ですか。

✻ 해요体は、합니다体と同様、「～ています」の意味も内包している。

(例) 공부해요. 勉強します。/ 勉強しています。

練習1 例にならい、해요体を書いて、読んでみましょう。

(例) 앉다 座る 앉아요　　읽다 読む 읽어요

1) 많다 多い ________
2) 놀다 遊ぶ ________
3) 중요하다 重要だ ________
4) 사귀다 付き合う ________
5) 없다 ない、いない ________
6) 입학하다 入学する ________
7) 싸다 安い ________
8) 만나다 会う ________
9) 맛있다 美味しい ________

2 -에 ～に，-에서 ～で・～から

1-49

에は、「場所」及び「時」に付いて、所在や方向、到達点及び時点を表す「～に」に相当する。なお、日本語では時の名詞が文の中で副詞的に用いられるとき、助詞「～に」を付けない語があるが、韓国語では에が付く場合が多い（今週、来週、今月、来月、去年、来年など）。

학교에 가요?	学校に行きますか。
도쿄에 살아요.	東京に住んでいます。
다섯 시에 끝납니다.	5時に終わります。
다음 주에 시험이 있습니다.	来週(に)試験があります。

에서は、「場所」に付く「～で」に相当し、行動が行われる場所を表す。

도서관에서 책을 읽어요.	図書館で本を読んでいます。
서울에서 친구를 만납니다.	ソウルで友だちに会います。

練習2 （　　　）に助詞を書き入れて、文を読んでみましょう。

1) 병원(　　　) 가요.	病院に行きます。
2) 이번 주말(　　　) 어디 가요?	今週末(に)、どこか(へ)行きますか。
3) 학교(　　　) 공부합니다.	学校で勉強します。
4) 집(　　　) 갑니까?	家に帰りますか。
5) 금요일(　　　) 만나요.	金曜日に会います。
6) 어디(　　　) 발표해요?	どこで発表しますか。

3 -에서 …까지 ～から …まで

1-50

에서が用いられる場合は、場所と関係があり、出発点「～から」到達点「…まで」を表す。

서울에서 부산까지 어떻게 가요?	ソウルから釜山までどうやって行きますか。
역에서 공원까지 멉니다.	駅から公園まで遠いです。

練習3 (　　)に助詞を書き入れて、文を読んでみましょう。

1) 지금 집(　　　) 출발해요.　　今、家から出発します。

2) 학교(　　　) 어떻게 다닙니까?　　学校までどうやって通っていますか。

3) 박물관(　　　) 전철을 타요.　　博物館まで電車に乗ります。

4) 공항(　　　) 역(　　　) 가깝습니다.　　空港から駅まで近いです。

5) 오사카(　　　) 뉴욕(　　　) 가요.　　大阪からニューヨークまで行きます。

1-51 **練習4** 例にならい、会話を完成させましょう。

(例)
집 / 청소하다
지금 뭐 해요?　　今、何(を)していますか。
집에서 청소해요.
家で掃除しています。

1)
백화점 / 쇼핑하다
지금 뭐 해요?
______
デパートでショッピングしています。

2)
편의점 / 과자를 사다
지금 뭐 해요?
______
コンビニでお菓子を買っています。

3)
식당 / 점심 먹다
지금 뭐 해요?
______
食堂で昼食(を)食べています。

4)
공원 / 산책하다
오후에 뭐 해요?　　午後、何(を)しますか。
______
公園で散歩します。

5)
은행 / 돈을 찾다
오후에 뭐 해요?
______
銀行でお金を下ろします。

会話

1-52 

윤아 : 어디 살아요?

준 : 학교 근처에 살아요.

방값이 조금 비싸요.

그래서 다음 달에 이사 가요.

윤아 : 그래요? 저는 집에서 학교까지 너무 멀어요.

그래서 학교에서 저녁을 먹어요.

新しい語彙と発音

1-53

□ 어디 どこ
□ 근처 近く、近所
□ 비싸다 (値段が) 高い
□ 이사(를) 가다 引っ越しする
□ -에서 …까지 ～から…まで
□ -에서 ～で
□ 살다 住む
□ -에 ～に
□ 그래서 それで
□ 그래요? そうですか
□ 너무 とても、あまりにも
□ 저녁 夕食、夕方
□ 학교 学校
□ 방값 家賃
□ 다음 달 来月
□ 집 家
□ 멀다 遠い
□ 먹다 食べる

□ 학교[학꾜]
□ 방값[방깝]
□ 다음 달[다음딸]

書いてみよう

해요体を用いて、次の日本語を韓国語に訳してみましょう。

1) ソウル駅から空港まで遠いですか。 〔ソウル駅 서울역, 空港 공항〕

2) 「どこ(へ) 行きますか。」
「図書館に行きます。図書館でレポート資料を探します。」
〔レポート資料 리포트 자료, 探す 찾다〕

3) 砂糖が少し多いです。それで甘いです。 〔砂糖 설탕, 甘い 달다〕

4) あの店はプルコギが本当に美味しいです。しかし、少し高いです。
〔あの 저, 店 가게, プルコギ 불고기〕

5) 週末に釜山へ行きます。釜山で友だちに会います。 〔週末 주말, 釜山 부산〕

6) 私は来年、留学に行きます。アメリカで経済学を勉強します。
〔来年 내년, 留学に行く 유학을 가다, 経済学 경제학〕

言ってみよう

どこにあるか、絵を見て言ってみましょう。

1-54

강아지가 소파 위에 있어요.

시계가 노트북 옆에 있어요.

位置名詞　위치 명사

위 上　　밑 下　　아래 下

앞 前　　뒤 後ろ　　옆 横、隣　　안 中

제 9 과 친구들과 카페에서 커피를 마셔요

表現

1-55

1 -이에요 / 예요(?) ～です(か?), -이 / 가 아니에요(?) ～ではありません(か?)

（名詞）이에요/예요は、「（名詞）です」の打ち解けた表現である。-입니다より会話で多用されている。動詞と形容詞の해요体と同様、平叙形と疑問形が同じである。

子音終わり	-이에요	과일이에요.	果物です。
	-이에요?	귤이에요?	ミカンですか。
母音終わり	-예요	채소예요.	野菜です。
	-예요?	배추예요?	白菜ですか。

（名詞）이/가 아니에요は、「（名詞）です」の打ち解けた表現である。해요体と同様、平叙形と疑問形が同じである。

子音終わり	-이 아니에요	병원이 아니에요.	病院ではありません。
	-이 아니에요?	약국이 아니에요?	薬局ではありませんか。
母音終わり	-가 아니에요	마트가 아니에요.	マートではありません。
	-가 아니에요?	가게가 아니에요?	店ではありませんか。

練習1 当てはまる言葉を書き入れて、文を完成させましょう。

1) 내 친구____________________. 僕の友だちです。

2) 우리 선생님____________________. うちの先生です。

3) 오빠는 회사원____________________. 兄は会社員です。

4) 여기가 홋카이도(　　) ________________? ここは北海道ではありませんか。

5) 부산은 제 고향(　　) ________________. 釜山は私の故郷ではありません。

2 -과 / 와　～と

1-56 

子音終わり	-과	母音終わり	-와
산	산과 바다	바다	바다와 산

練習2 (　　　)に助詞を書き入れて、文を読んでみましょう。

1) 이번 주말에 가족(　　　) 여행해요.　今週末(に)、家族と旅行します。

2) 개(　　　) 고양이를 키웁니다.　犬と猫を飼っています。

3) 고기(　　　) 야채를 먹어요.　肉と野菜を食べます。

3 -아요 / 어요の縮約形

1-57 

用言の母音終わりの語幹に-아/어で始まる語尾が付くと、-아/어が脱落したり、縮約されたりする。

● 아요/어요の母音아/어の脱落

ㅏ+아 → ㅏ　가다：가 +~~아~~요 → 가요　行きます

ㅐ+어 → ㅐ　지내다：지내+~~어~~요 → 지내요　過ごします

ㅓ+어 → ㅓ　서다：서 +~~어~~요 → 서요　止まります

ㅔ+어 → ㅔ　세다：세 +~~어~~요 → 세요 / 세어요　数えます

ㅕ+어 → ㅕ　켜다：켜 +~~어~~요 → 켜요　付けます

● 二重母音化等による縮約

ㅗ+아 → ㅘ　오다：오 +아요 → 와요　来ます

ㅜ+어 → ㅝ　배우다：배우+어요 → 배워요　学びます

ㅣ+어 → ㅕ　피다：피 +어요 → 펴요 / 피어요　咲きます

ㅚ+어 → ㅙ　되다：되 +어요 → 돼요 / 되어요　なります

練習3 해요体の縮約形を練習してみましょう。

1) 건네다 渡す　　2) 보다 見る、観る　　3) 비싸다 (値段が)高い

4) 건너다 渡る　　5) 나누다 分ける　　6) 자다 寝る

7) 기다리다 待つ　　8) 펴다 (本を) 開く　　9) 마시다 飲む

10) 키우다 育つ　　11) 보내다 送る　　12) 안 되다 だめだ

1-58 

4 -을 / 를 좋아하다 · 싫어하다　～が好きだ・嫌いだ

韓国語で좋아하다, 싫어하다は他動詞であり、助詞을/를と結びつく。

독서와 여행을 좋아해요.	読書と旅行が好きです。
스포츠 중에서 뭘 좋아합니까?	スポーツの中で何が好きですか。
볼링을 싫어해요?	ボーリングが嫌いですか。

1-59 **練習4** 例にならい、あなたが好きなものを挙げて会話を完成させましょう。

(例) 動物 → 무슨 동물을 좋아해요? どの動物が好きですか。
사자를 좋아해요.

1) 色 → 무슨 색을 좋아해요?

2) スポーツ → 무슨 스포츠를 좋아해요?

3) 韓国の食べ物 → 한국 음식 중에서 뭘 좋아해요?

会話

1-60

안녕하세요. 나는 김윤아예요.

한국대학교 이 학년이에요. 일 학년이 아니에요.

대학에서의 전공은 국제관계학이에요.

학교에는 유학생 친구들이 많아요.

유학생 친구들과 자주 카페에서 커피를 마셔요.

나는 아메리카노와 마카롱을 좋아해요.

新しい語彙と発音

1-61

□ 나 僕、私	□ 대학교 大学校、大学	□ 대학 大学
□ -의 ~の	□ 전공 専攻	□ 국제관계학 国際関係学
□ 유학생 留学生	□ 친구 友達、友人	□ -들 ~たち、~ら
□ -과/와 ~と	□ 자주 よく、しばしば	□ 카페 カフェ
□ 커피 コーヒー	□ 마시다 飲む	□ 아메리카노 アメリカーノ(コーヒー)
□ 마카롱 マカロン	□ 좋아하다 好きだ	

□ 대학교[대학꾜]　□ 국제관계학[국쩨관게학/국쩨관게악]

□ 유학생[유학쌩/유악쌩]　□ 좋아해요[조아해요]

書いてみよう

해요体を用いて、次の日本語を韓国語に訳してみましょう。

1) 春には桜が咲きます。秋には紅葉を見ます。

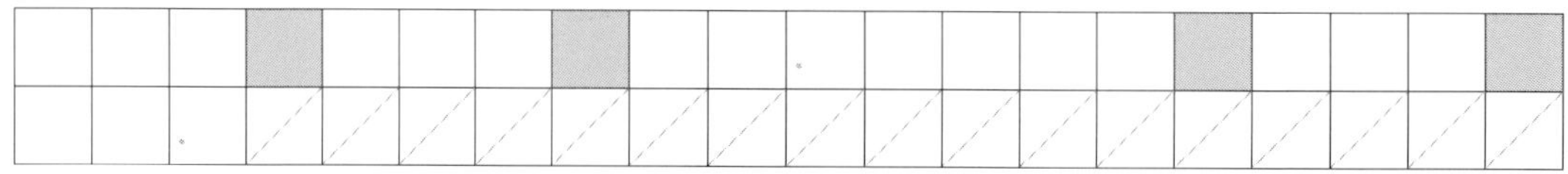

2) 夏には友人たちと海で水泳をします。冬には家族とスキーをします。

〔スキーをする 스키를 타다〕

3) 弟は野菜の中で玉ねぎが好きです。人参は嫌いです。

〔弟 남동생, 玉ねぎ 양파, 人参 당근〕

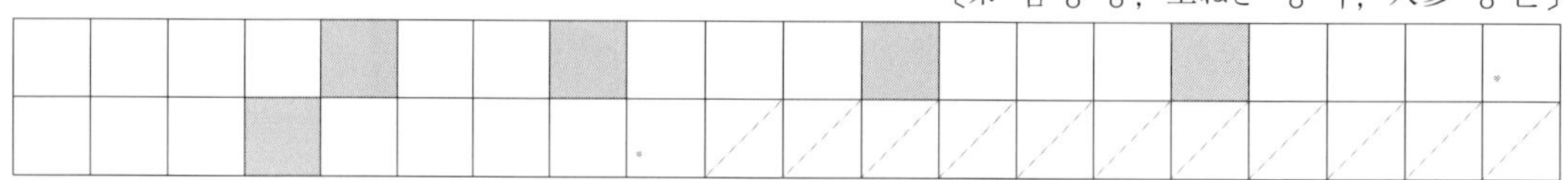

4) 父は大学で電子工学を教えています。姉は大学で経営学を学んでいます。

〔電子工学 전자공학, 教える 가르치다, 姉 누나·언니, 経営学 경영학〕

5) 母の故郷は慶州です。ソウルではありません。 〔慶州 경주〕

言ってみよう

次のように、自分について言ってみましょう。

1-62

안녕하세요. 나는 김윤아예요.

한국대학교 이 학년이에요.

대학에서의 전공은 국제관계학이에요.

학교 친구들과 자주 커피를 마셔요.

나는 케이팝과 댄스를 좋아해요.

参考表現　참고 표현

노래방에 가다 カラオケに行く
콘서트에 가다 コンサートに行く
재미있는 동영상을 보다 面白い動画を観る
게임을 하다 ゲームをする
축구를 하다 サッカーをする
춤을 추다 踊りを踊る
학교 숙제를 하다 学校の宿題をする
한국 음식을 만들다 韓国料理を作る
영화를 보다 映画を観る
여행을 가다 旅行に行く
수영을 하다 水泳をする
야구를 하다 野球をする
댄스 연습을 하다 ダンスの練習をする
저녁을 먹다 夕食を食べる

頻度副詞　빈도 부사

항상 いつも、常に　늘 いつも、常に　언제나 いつも、いつでも
자주 よく　종종 しばしば　때때로 時々　가끔 たまに

제10과 내일은 비가 오지 않아요

表現

2-1

1 안 ～ない（前置否定）

動詞・形容詞の前に안を用い、否定の意味を表す。使い方が簡単で、会話で多く用いられる。なお、韓国語の動詞の中で「名詞＋하다」は、하다の前に안が位置する。

방이 큽니다.	방이 안 큽니다.	部屋が大きくありません。
집에 가요?	집에 안 가요?	家に帰りませんか。
이거 중요해요?	이거 안 중요해요?	これ、重要ではありませんか。
동물을 좋아합니다.	동물을 안 좋아합니다.	動物が好きではありません。
오늘 말해요.	오늘 말 안 해요.	今日、言いません。
집에서 요리해요.	집에서 요리 안 해요.	家で料理していません。

練習1 例にならい、前置否定の表現を練習してみましょう。

(例) 아침을 먹다 → 아침을 안 먹어요.
朝食を食べる

1) 사진을 많이 찍다 → ____________
写真をたくさん撮る

2) 교실이 깨끗하다 → ____________
教室が綺麗だ

3) 앞으로 연락하다 → ____________
これから連絡する

4) 여기는 택시가 서다 → ____________
ここはタクシーが止まる

5) 바람이 세다 → ____________
風が強い

2 -지 않다　～(く)ない・～(し)ない (後置否定)

2-2

動詞・形容詞の語幹に지 않다が付き、否定の意味を表す。主に書き言葉で使われるが、形容詞は会話でもよく使われる。

語幹	-지 않다

基本形		例	
크다	-지 않다	크지 않다.	大きくない。
먹다	-지 않아요	먹지 않아요.	食べません。
생각하다	-지 않습니다	생각하지 않습니까?	考えませんか。

練習2 例にならい、後置否定の表現を使って、会話を完成させましょう。

2-3

(例)
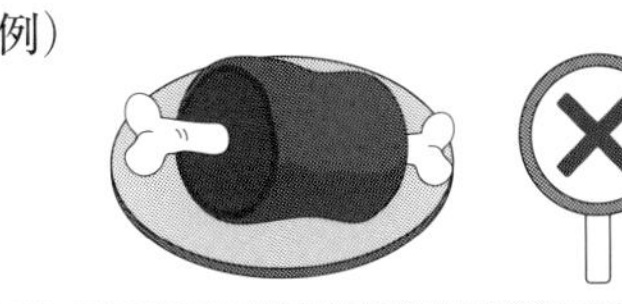
→ 고기를 먹어요?
아뇨, 고기를 먹지 않아요.
いいえ、肉を食べません。

1)

→ 술 마셔요?

____
いいえ、酒(を)飲みません。

2)

→ 저 배우는 유명해요?

____
いいえ、あの俳優は有名ではありません。

3)

→ 일이 많아요?

____
いいえ、仕事が多くありません。

4)

→ 강아지를 키워요?

____
いいえ、子犬を飼っていません。

2-4

3 -부터 …까지　～から …まで

부터は時や範囲の始まりの「～から」を意味する。

시험 범위는 1과부터 4과까지예요.　試験範囲は1課から4課までです。
내일부터 아르바이트를 합니다.　明日からアルバイトをします。
다음 주부터 개학이에요.　来週から新学期が始まります。

✽ 에서は出発点を表す。（第3課）

練習3 （　　）に助詞を書き入れて、文を読んでみましょう。

1) 월요일(　　　) 목요일(　　　) 수업이 있어요.
月曜日から木曜日まで授業があります。

2) 밤 늦게(　　　) 숙제를 해요.
夜遅くまで宿題をします。

3) 역(　　　) 학교(　　　) 걸어서 십 분 걸려요.
駅から学校まで歩いて10分かかります。

4) 처음(　　　) 다시 시작해요.
最初からやり直します。

2-5

4 해요体の機能

해요体は、イントネーションにより、叙述(～です·～ます)、疑問(～ですか·～ますか)のほか、勧誘(～ましょう)、命令(～なさい)、感嘆(～ねえ)の意味をも丁寧に言い表すことができる。

학교에 가요.　学校に行きます。
빨리 가요!　早く行きなさい。
같이 가요?　一緒に行きますか。
—네, 같이 가요.　はい、一緒に行きましょう。
예뻐요?　可愛いですか。
—네, 너무 예뻐요!　はい、とても可愛いですね(え)！

会話

윤아: 오늘은 날씨가 안 좋아요.

준　: 네, 아침부터 저녁까지 비가 와요.

윤아: 내일 날씨가 어때요?

준　: 내일은 비가 오지 않아요.

윤아: 그럼, 내일 학교에서 같이 운동해요.

준　: 그래요. 그런데 저녁에 동아리 모임이 있어요.
오전에 만나요.

新しい語彙と発音

2-7

□ 오늘 今日	□ 날씨 天気	□ 안 ～ない
□ 아침 朝	□ -부터 …까지 ～から…まで	□ 비 雨
□ 비가 오다 雨が降る	□ 내일 明日	□ 어때요? どうですか
□ 그럼 では、それなら	□ 같이 一緒に	□ 운동하다 運動する
□ 그래요 そうしましょう	□ 그런데 ところで	□ 동아리 サークル
□ 모임 集まり、集い	□ 있다 ある、いる	□ 오전 午前

□ 좋아요[조아요]　□ 않아요[아나요]　□ 같이[가치]

書いてみよう

해요体を用いて、次の日本語を韓国語に訳してみましょう。

1) 今日は夜から雪が降ります。 〔夜 밤, 雪 눈, 降る 내리다〕

2) 家から学校まで時間がどのくらいかかりますか。

〔時間 시간, どのくらい 얼마나〕

3) 「昨日から具合が悪いです。」

「それなら病院へ一緒に行きましょう。」 〔昨日 어제, 具合が悪い 몸이 안 좋다〕

4) 明日は働きません。会社へ行きません。家で休みます。(前置否定形を使うこと)

5) 今日の天気は晴れです。気温は高くありません。風は強くありません。

(後置否定形を使うこと)

〔晴れだ 맑다, 気温 기온, 高い 높다〕

言ってみよう

今週、楽しそうなことがあります。
次のように勧誘の表現を使って、友だちを誘ってみましょう。

월요일 저녁에 학교 친구들과 한강공원에서 라면을 먹어요.
같이 한강공원에 가요.

언제　：월요일 저녁
어디서：한강공원
무엇을：학교 친구들과 라면을 먹다

언제　：수요일 저녁
어디서：인천경기장
무엇을：케이팝 콘서트를 보다

언제　：일요일 오전
어디서：동대문디자인플라자
무엇을：팝아트 전시회에 가다

언제　：수요일 오전
어디서：세종문화회관
무엇을：뮤지컬을 관람하다

언제　：금요일 저녁
어디서：잠실야구장
무엇을：야구 경기를 보다

언제　：토요일 아침
어디서：한국대학교 대운동장
무엇을：체육 대회에 참가하다

제11과 고추장이 들어 있어서 조금 매워요

表現

2-9

1 -아서/어서 ～て・～ので

理由・原因を表す「～て」「～ので」を意味する。なお、先行動作の意味も持つ。

語幹の母音	基本形		例	
ㅏ, ㅗ	**많**다	-아서	많아서	多くて、多いので
	가다		가서	行って
ㅏ, ㅗ以外	**늦**다	-어서	늦어서	遅れて
	씻다		씻어서	洗って(から)
名詞だ	학생**이**다		학생이어서*	学生なので ＊名詞(이)라서も可
하다用言	**운동하**다	-여서	운동[하여]서 → 운동[해]서	運動して
	중요하다		중요[하여]서 → 중요[해]서	重要なので

늦어서 미안합니다. 遅れてすみません。 → 原因·理由

학교에 가서 만나요. 学校に行って会いましょう。 → 先行動作

先行動作に-아서/어서を用いた場合は、前後の動作は密接な関係がある。

공원에 가서 산책해요. 公園に行って(公園で)散歩します。

練習1 例のように、文をつなぎましょう。

(例) 일이 많다 / 늦게 퇴근하다 → 일이 많아서 늦게 퇴근해요.
仕事が多くて遅く退勤します。

1) 감기에 걸리다 / 약을 먹다 → ______
風邪をひく　薬を飲む

2) 길이 막히다 / 늦다 → ______
道が混んでいる

3) 매일 운동하다 / 건강하다 → ______

練習2 例にならい、文を作ってみましょう。

(例)

빌리다 借りる　　사다

책을 보다

→ 저는 책을 빌려서 봐요. 친구는 책을 사서 봐요.

1) 

만들다　시키다 出前する

저녁을 먹다

→ ______________________

2) 

씻다　깎다 むく

사과를 먹다

→ ______________________

3) 

싸다 (弁当を)作る　사다

도시락을 먹다

→ ______________________

2 ㅂ変則活用

パッチム「ㅂ」で終わる語幹に아/어など母音語尾が付く時、語幹末のㅂが우に変わる。

맵다 → **맵**~~다~~ + 어요 → **매우** + 어요 → 매워요　辛いです

고맙다 → **고맙**~~다~~ + 아요 → **고마우** + 어요 → 고마워요　ありがたいです

なお、語幹末ㅂの用言は正則活用するものもある。

좁아요 狭いです　**입**어요 着ます　**씹**어요 噛みます

접어요 折ります　**뽑**아요 選びます·抜きます

돕다(助ける), 곱다(綺麗だ)の2語は아/어が付く時、語幹末のㅂが우ではなく오となり、-아が付いて、와と縮約される。

도와요 助けます, 도와서 助けて / 고와요 綺麗だ, 고와서 綺麗で

練習3 次の単語はㅂ変則活用をするものです。**해요**体で書いてみましょう。

1) 덥다 暑い ＿＿＿＿＿＿ 2) 춥다 寒い ＿＿＿＿＿＿

3) 눕다 横になる ＿＿＿＿＿＿ 4) 가깝다 近い ＿＿＿＿＿＿

5) 쉽다 簡単だ ＿＿＿＿＿＿ 6) 어렵다 難しい ＿＿＿＿＿＿

7) 귀엽다 可愛い ＿＿＿＿＿＿ 8) 아름답다 美しい ＿＿＿＿＿＿

2-11

3 ㅡ脱落

「ㅡ」で終わる語幹に해요体などの語尾-아/어が付くとㅡが脱落する。

아프다 → 아프~~다~~ + 아/어요 → 아ㅍ + 아요 → 아파요 痛いです

기쁘다 → 기쁘~~다~~ + 아/어서 → 기ㅃ + 어서 → 기뻐서 嬉しくて

쓰다 → 쓰~~다~~ + 아/어요 → ㅆ + 어요 → 써요 使います/書きます

練習4 例のように、**해요**体「〜です · ます」と**-아/어서**「〜て · 〜ので」を書いて、読んでみましょう。

(例) 기쁘다 嬉しい 기뻐요 / 기뻐서

1) 슬프다 悲しい ＿＿＿＿＿＿ 2) 예쁘다 綺麗だ ＿＿＿＿＿＿

3) 크다 大きい ＿＿＿＿＿＿ 4) 끄다 消す ＿＿＿＿＿＿

5) 바쁘다 忙しい ＿＿＿＿＿＿ 6) 모으다 集める ＿＿＿＿＿＿

2-12

4 存在詞 있다, 없다

있다は、ある · いるを、없다は、ない · いないを意味し、存在詞と呼ぶ。この語は、動詞とも形容詞とも限定できず、活用の仕方が特殊である。

남동생이 있어요. 弟がいます。

시간이 있어요. 時間があります。

여동생이 없어요. 妹がいません。

시계가 없어요. 時計がありません。

会話

2-13

윤아 : 유학 생활은 어때요? 많이 바빠요?

준 : 네, 그래도 친구가 많아서 즐거워요.
그리고 음식도 맛있어요.

윤아 : 오늘 학생 식당에서 뭐 먹어요?

준 : 비빔밥을 먹어요. 금요일 메뉴에는 비빔밥이 있어요.

윤아 : 비빔밥을 좋아해요?

준 : 네, 하지만 고추장이 들어 있어서 조금 매워요.

윤아 : 맞아요. 그래서 저는 잡채를 좋아해요.

新しい語彙と発音

2-14

- □ 유학 留学
- □ 생활 生活
- □ 많이 とても、たくさん
- □ 바쁘다 忙しい
- □ 많다 多い
- □ 즐겁다 楽しい
- □ 그리고 そして
- □ 음식 料理、食べ物
- □ -도 ～も
- □ 맛있다 美味しい
- □ 학생 学生
- □ 식당 食堂
- □ 뭐 何、무엇の縮約語
- □ 비빔밥 ビビンバ
- □ 금요일 金曜日
- □ 메뉴 メニュー
- □ 네 はい、ええ
- □ 고추장 コチュジャン
- □ 들어 있다 入っている
- □ 맵다 辛い
- □ 맞아요 その通りです
- □ 잡채 チャプチェ

- □ 유학 생활[유학쌩활/유악쌩왈]
- □ 많이[마니]
- □ 학생 식당[학쌩식땅]
- □ 비빔밥[비빔빱]

書いてみよう

해요体を用いて、次の日本語を韓国語に訳してみましょう。

1) 韓国語の勉強は楽しいです。しかし、発音が少し難しいです。

2) 私の友だちはスタイルがよくて、人気があります。　〔スタイル 스타일〕

3) 今日は課題がないので、時間があります。　〔課題 과제〕

4) 熱が出て、病院に行きます。　〔熱 열, 出る 나다, 病院 병원〕

5) 「今日の午後、何(を)しますか。」

「サークルに行ってダンスの練習をします。」　〔ダンス 댄스, 練習 연습〕

韓国の食べ物（한국의 음식）

あなたの好きな韓国の食べ物は何ですか。

닭갈비	감자탕	양념 치킨
삼겹살	순두부찌개	삼계탕
떡볶이	부침개	김밥
칼국수	순대	호떡
약과	꽈배기	핫도그

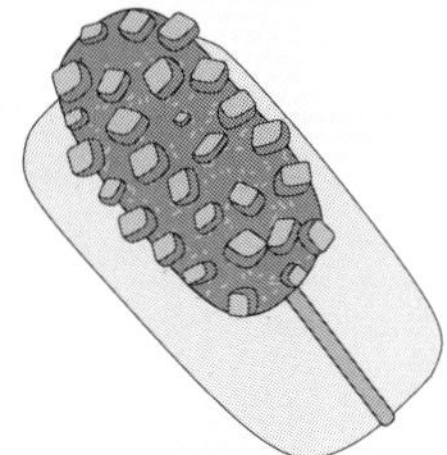

言ってみよう

原因と結果を選んで、言ってみましょう。

2-15

휴대폰을 잃어버려서 불편해요.

原因・理由　원인·이유	結果・行動　결과·행동
휴대폰을 잃어버리다 携帯電話をなくす	식당에 가다
배가 고프다 お腹が空いている	뛰다 走る
수업 시간에 늦다	불편하다
너무 덥다	아이스크림을 먹다
목이 아프다 喉が痛い	병원에 가다
눈이 나쁘다 目が悪い	길이 막히다
피곤하다 疲れている	일찍 자다 早く寝る
시험을 잘 보다 試験の点数が良い	기분이 좋다 気分がいい
음식이 맛있다	안경을 쓰다 眼鏡をかける
주말이다 週末だ	손님이 많다 客が多い

제12과 그 버스를 타세요

表現

2-16

1 -(으)세요　お～ください・～てください

動詞の語幹に付き、行動の催促を意味する。ㄹ語幹に初声ㄴ,ㅅが付くと、語幹末のパッチムㄹが脱落する規則があるので注意！

語幹	基本形		例	
母音終わり	**들어오**다	-세요	들어오세요.	入ってください。
ㄹ語幹（ㄹ脱落）	**만들**다		만드세요.	作ってください。
子音終わり	**앉**다	-으세요	앉으세요.	お掛けください。

✻ 줍다, 돕다はㅂ変則活用の用言。
ㅂ変則活用：ㅂ語幹に아/어と으母音語尾が付く時、語幹末のㅂが우に変わる。

줍다 拾う	으세요	**줍** → **주우**	으세요	주우세요
돕다 手伝う		**돕** → **도우**		도우세요

練習1 例にならい、文を作りましょう。

（例）
책 / 읽다　책을 읽으세요.
本を読んでください。

1）
이름 / 쓰다　________________
名前を書いてください。

2）
쓰레기 / 줍다　________________
ゴミを拾ってください。

3）
문 / 닫다　________________
ドアを閉めてください。

4）
가방 / 들다　________________
カバンをお持ちください。

2 -(으)니까　～ので・～から

2-17

用言と指定詞の語幹に付き「～ので・～から」の意味を表す。前の内容が後の内容の原因や根拠になることを表し、後ろに勧誘や命令の表現が続くことが多い。-세요と同様、ㄹ語幹に初声ㄴ,ㅅが付くと、語幹末のパッチムㄹが脱落する規則がある。

語幹	基本形		例	
母音終わり	**가**다	-니까	가니까	行くから
ㄹ語幹（ㄹ脱落）	**알**다		아니까	知っているから
子音終わり	**없**다	-으니까	없으니까	ないので

시간이 없으니까 서두르세요.　時間がないので急いでください。
제가 길을 아니까 같이 가요.　私が道を知っているから一緒に行きましょう。

練習2 例にならい、文をつなぎましょう。

（例）지금은 바쁘다 / 내일 다시 이야기하다
→ 지금은 바쁘니까 내일 다시 이야기해요.
今日は忙しいから明日また話しましょう。

1) 병원이 내일 쉬다 / 오늘 가다
→ ____________________
病院が明日お休みだから今日行ってください。

2) 덥다 / 에어컨을 켜다
→ ____________________
暑いからエアコンをつけましょう。

3) 바람이 불다 / 창문을 닫다
→ ____________________
風が吹いているので窓を閉めてください。

4) 다음 주까지 시험이다 / 같이 공부하다
→ ____________________
来週まで試験なので一緒に勉強しましょう。

2-18

3 이, 그, 저, 어느　こ(の)・そ(の)・あ(の)・ど(の)

指示詞이, 그, 저, 어느は、「こ(の)・そ(の)・あ(の)・ど(の)」にほぼ対応する。

이　この	그　その	저　あの	어느　どの
이것　これ	그것　それ	저것　あれ	어느 것　どれ
이쪽　こちら	그쪽　そちら	저쪽　あちら	어느 쪽　どちら
이 책　この本	그 책　その本	저 책　あの本	어느 책　どの本

✻ 話題にのぼっていて、目の前に存在していないものや人は「그 책 あの本」、「그 사람 あの人」など、「그」を使う。

이것이 무엇입니까? / 이게 뭐예요?
これは何ですか。

그것은 제 책입니다. / 그건 제 책이에요.
それは私の本です。

저것이 무엇입니까? / 저게 뭐예요?
あれは何ですか。

저건 우리 집입니다. / 저건 우리 집이에요.
あれは我が家です。

이 / 가の使い方

投げかけの疑問文での「~は」は이/가を用いることが多い。(7課の表現1参考)

그것이 무엇입니까?　　それは何ですか。
회사가 어디예요?　　会社はどこですか。

会話

2-19

준　: 역에서 학교까지 멀어서 좀 불편해요.

윤아: 역 건너편에 버스 정류장이 있으니까 버스를 타세요.

그리고 <한국대학교 정문>에서 내리세요.

저기 정문 앞에 정류장이 있어요. 같이 가요.

◇ 버스 정류장에서 ◇

준　: 이 버스예요?

윤아: 네, 그 버스를 타세요.

新しい語彙と発音

2-20

- □ 역 駅
- □ 불편하다 不便だ
- □ 건너편 向こう側
- □ 버스 バス
- □ 정류장 停留所
- □ 타다 乗る
- □ 정문 正門
- □ 내리다 降りる
- □ 저기 あちら、あそこ
- □ 앞 前
- □ 이 この
- □ 그 その

- □ 정류장[정뉴장]

書いてみよう

해요体を用いて、次の日本語を韓国語に訳してみましょう。

1) 「図書館はどこにありますか。」
「あのビルの後ろにあります。」 〔ビル 건물, 後ろ 뒤〕

2) このプルコギ美味しいから、もっと注文しましょう。
〔もっと 좀 더, 注文する 주문하다·시키다〕

3) 来週の授業からは早めに来てください。 〔早めに 일찍·빨리〕

4) 道路の向こう側に地下鉄3号線があるから、その地下鉄に乗ってください。
そして景福宮駅で降りてください。
〔道路 길·도로, 地下鉄 지하철, 3号線 3호선, 景福宮駅 경복궁역〕

5) 景福宮が来週から夜間開場(夜間開館)をします。
この夜間開場は人気があるのでチケットを早めにご購入ください。
〔夜間開場 야간 개장, 購入する 구입하다〕

言ってみよう

授業で使う表現を、次にならい言ってみましょう。

2-21

읽어 보세요.

책을 펴세요.

잘 듣고 문제를 푸세요.

授業で使う表現　수업에서 쓰는 표현

읽어 보다 読んでみる　　　써 보다 書いてみる
들어 보다 聞いてみる　　　말해 보다 言ってみる

책을 펴다 本を開く　　　책을 덮다 本を閉じる
○○쪽을 보다 ○○ページを見る
듣고 따라 하다 聞いてあとについて言う、音声にならう
칠판/화면을 보다 黒板/画面を見る　　　한국어로 말하다 韓国語で言う

잘 듣고 문제를 풀다 よく聞いて問題を解く
읽고 질문에 답하다 読んで質問に答える
맞는 것을 고르다 正しいものを選ぶ　　　틀린 것을 고르다 誤りがあるものを選ぶ

조용히 하다 静かにする
휴대폰을 보지 말다 携帯電話を見ない
다음부터는 늦지 말다 次回からは遅れない
과제는 제출 기한을 지키다 課題は提出期限を守る

제13과 어제 너무 추워서 감기에 걸렸어요

表現

2-22

1 -았어요/었어요 (해요体) ～でした・～ました

過去を表す-았/었に丁寧な文末表現形-어요が付いた形である。-아요/어요, -아서/어서と同じ活用をする。-어요の代わりに、-습니다/습니까?を付けると、합니다体になる。

語幹の母音	基本形		例	
ㅏ, ㅗ	살다	-았다	살았다.	住んでいた。
		-았어요	살았어요?	住んでいましたか。
ㅏ, ㅗ以外	열다	-었다	먹었다.	食べた。
		-었어요	먹었어요.	食べました。
하다用言	일하다	-였다	일하였다 → 일했다.	働いた。
		-었다	일하였어요 → 일했어요.	働きました。

2-23

2 -았어요/었어요の縮約形

● -았어요/었어요の母音-아/어の脱落

ㅏ+았 → ㅆ　가다：가+ㅆ어요 → 갔어요　行きました
ㅐ+었 → ㅆ　지내다：지내+ㅆ어요 → 지냈어요　過ごしました
ㅓ+었 → ㅆ　서다：서+ㅆ어요 → 섰어요　止まりました
ㅔ+었 → ㅆ　세다：세+ㅆ어요 → 셌어요 / 세었어요　数えました
ㅕ+었 → ㅆ　켜다：켜+ㅆ어요 → 켰어요　付けました

● 二重母音化等による縮約

ㅗ+았 → 왔　오다：오+았어요 → 왔어요　来ました
ㅜ+었 → 웠　배우다：배우+었어요 → 배웠어요　学びました
ㅣ+었 → 였　피다：피+었어요 → 폈어요 / 피었어요　咲きました
ㅚ+었 → 왰　되다：되+었어요 → 됐어요 / 되었어요　なりました

練習1 例にならい、表を完成させましょう。

基本形	意味	해요体（現在形）	해요体（過去形）
찾다	探す	찾아요	찾았어요
만들다			
길다	長い		
짧다	短い		
사귀다	付き合う		
말하다			
중요하다			
끝나다	終わる		
보내다	送る		
건너다			
건네다			
펴다			
나오다	出る、出てくる		
외우다	覚える		
보이다	見える		
안 되다			
예쁘다			
모으다			
쉽다			
어렵다			

2-24

3 -이었어요/였어요(?) ～でした(か?), -이/가 아니었어요(?) ～ではありませんでした(か?)

（名詞）이었어요/였어요は「（名詞）でした」の打ち解けた表現である。

子音終わり	-이었어요(?)
母音終わり	-였어요(?)

어제까지 방학이었어요.
昨日まで(学校の)休みでした。

지난주에 휴가였어요?
先週(に)、休暇でしたか。

（名詞）이/가 아니었어요は、「（名詞）ではありませんでした」の打ち解けた表現である。

子音終わり	-이 아니었어요(?)
母音終わり	-가 아니었어요(?)

도서관이 아니었어요.
図書館ではありませんでした。

여기까지 숙제가 아니었어요?
ここまで宿題ではありませんでしたか。

練習2 例にならい、文を作りましょう。

（例） 강아지 / 고양이 → 강아지가 아니었어요. 고양이였어요.

1） 게임기 / 스마트폰 → ________________

2） 도서관 / 미술관 → ________________

3） 종이 / 공책 → ________________

4） 어제 / 그저께 → ________________

会話

2-25 

윤아 : 어디 아파요?

준 : 어제 너무 추워서 감기에 걸렸어요.

윤아 : 그래서 미디어 수업에 결석했어요?

준 : 네, 머리가 너무 아팠어요.
숙제 있어요?

윤아 : 그럼요. 이번 주는 인기 컨텐츠 조사가 숙제예요.
그런데, 약은 먹었어요?
감기에는 생강차가 좋아요.

新しい語彙と発音

2-26

- □ 아프다 痛い
- □ 어제 昨日
- □ 춥다 寒い
- □ 감기 風邪
- □ 감기에 걸리다 風邪をひく
- □ 미디어 メディア
- □ 수업 授業
- □ 결석하다 欠席する
- □ 머리 頭
- □ 숙제 宿題
- □ 그럼요 もちろんです、そうですよ
- □ 이번 주 今週
- □ 인기 人気
- □ 컨텐츠 コンテンツ
- □ 조사 調査
- □ 그런데 ところで
- □ 약 薬
- □ 약을 먹다 薬を飲む
- □ 생강차 生姜茶

- □ 결석했어요[결써캐써요]
- □ 숙제[숙쩨]
- □ 그럼요[그러묘/그럼뇨]
- □ 이번 주[이번쭈]
- □ 인기[인끼]

書いてみよう

次の日本語を韓国語に訳してみましょう。

夏休みにユナさんが日本に来ました。先週、僕はユナさんと箱根へ行きました。小田原駅から早雲山駅まで登山電車を利用しました。そして、早雲山駅でロープウェイに乗りました。天気が良くて、富士山が見えました。ユナさんがとても喜んでいました。桃源台港に降りて、海賊船に乗りました。最後に、箱根神社に行きました。そこでユナさんと写真を撮りました。

〔利用する 이용하다, 喜ぶ 기뻐하다, 最後に 마지막으로〕

箱根 (하코네)

小田原駅（오다와라역）, 登山電車（등산열차）→ 早雲山駅（소운잔역）, ロープウェイ（로프웨이）, 富士山（후지산）→ 桃源台港（도겐다이항）, 海賊船（해적선）→ 箱根神社（하코네 신사）

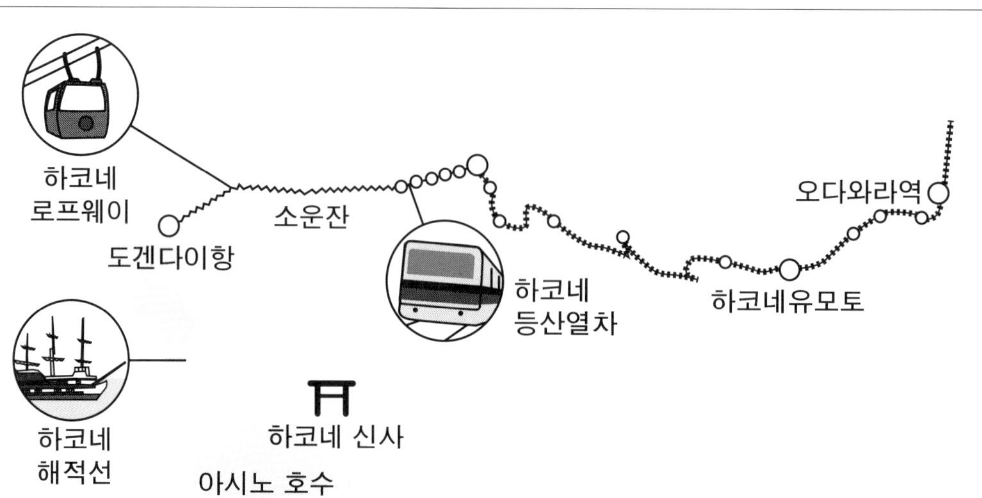

言ってみよう

次にならい、過去の経験について話しあってみましょう。

2-27 

저는 초등학생 때, 친구를 많이 사귀었어요.

피아노를 배웠어요. 구구단을 외웠어요.

음악 시간에 리코더를 불었어요. 친구들과 놀이공원에 갔어요.

過去の経験　과거의 경험

초등학생 때 小学生の時
친구를 많이 사귀다 友だちをたくさん作る
피아노를 배우다 ピアノを習う　구구단을 외우다 九九を覚える
음악 시간에 리코더를 불다 音楽時間にリコーダーを吹く
친구들과 놀이공원에 가다 友だちと遊園地に行く

중학생 때 中学生の時
급식을 먹다 給食を食べる　댄스를 연습하다 ダンスを練習する
동아리 활동을 하다 部活をする
가족과 유럽에 가다 家族とヨーロッパに行く

고등학생 때 高校生の時
학교 축제에 참가하다 学園祭に参加する
입시 공부를 열심히 하다 受験勉強を頑張る
한국에 수학여행을 가다 韓国へ修学旅行に行く

봄 방학에 春休みに
서울에 가다 ソウルに行く　홍대에서 쇼핑하다 ホンデでショッピングする
케이팝 콘서트에 가다 K-POPのコンサートに行く
경복궁에서 한복을 입다 景福宮で韓服を着る
사진을 찍다 写真を撮る　삼계탕을 먹다 参鶏湯を食べる

겨울 방학에 부산에 가 보고 싶어요

表現

2-28

1 -고　～て・～で・～し

2つ以上の事実を対等に並列するときに用いられる。

語幹	-고

길이 넓고 깨끗합니다.　道が広くてきれいです。

형은 회사원이고 여동생은 학생이에요.　兄は会社員で妹は学生です。

2-29

2 -고 있다　～ている

動詞の動作進行や結果存続の意味を表す。丁寧な言い方で、進行の意味は、해요体/합니다体でも十分表現できるが、-고 있어요/있습니다は動作進行の意味合いをより強く帯びることになる。また、再帰動詞(着る、履く、さすなど)とともに用いて結果存続の意味も表す。

語幹	-고 있다

매주 운동하고 있어요. (운동하~~다~~+고 있~~다~~+어요)　毎週、運動しています。

우산을 쓰고 있어요.　傘をさしています。

練習1 今、何をしていますか。例にならい、文を作りましょう。

(例)　신문 / 보다　→　신문을 보고 있어요.

1)　방 / 청소하다　→

2)　고기 / 굽다　→

3)　리포트 / 쓰다　→

4)　저녁밥 / 만들다　→

2-30

3 -고 싶다　～たい

動詞·있다の語幹に付き、願望の意味を表す。

語幹	-고 싶다

바다를 보고 싶어요. (보~~다~~+고 싶~~다~~+어요)　海を見たいです。

오늘은 집에 있고 싶습니다.　今日は家にいたいです。

2-31

練習2 例にならい、会話を完成させましょう。

(例) 뭐 하고 싶어요?

춤을 추다 → 춤을 추고 싶어요.

1) 어디에 가고 싶어요?

부산 해운대에 가다 →

2) 뭘 배우고 싶어요?

클래식 기타를 배우다 →

3) 누구를 만나고 싶어요?

고등학교 친구를 만나다 →

4) 한국에서 뭐 하고 싶어요?

맛집에 가다 →

5) 한국에서 뭐 사고 싶어요?

화장품을 사다 →

2-32

4 -요　文末助詞

名詞や副詞、助詞、活用形に付いて丁寧さを表す。名詞に付く時、名詞が子音で終わる場合は-이요を付ける場合もある。

어디 가요? — 도서관요. / 도서관이요.

여기 좀 오세요. 빨리요!

고향 친구를 만났어요. — 언제요?

모임에 왜 안 왔어요? — 몸이 안 좋아서요.

2-33

5 -아/어 보다　～てみる

「(経験のないこと・新しいこと)を試す」という意味を表す。

語幹の母音	基本形		例	
ㅏ, ㅗ	살다	-아 보다	살아 봤어요?	住んでみましたか。
ㅏ, ㅗ以外	읽다	-어 보다	읽어 봤습니다.	読んでみました。
하다用言	발표하다	-여 보다	발표해 보세요.	発表してみてください。

練習3 例にならい、文を作り訳してみましょう。

(例) 유람선을 타다　→ 유람선을 타 봤어요.
遊覧船に乗ってみました。

1) 외국에서 운전하다　→

2) 한국 음식을 만들다　→

3) 해외 출장을 가다　→

4) 케이팝 가수를 만나다　→

5) 영어 학원에 다니다　→

会話

2-34 

윤아: 지금 뭐 봐요?

준 : 여행 블로그를 보고 있어요.

윤아: 왜요? 어디 가고 싶어요?

준 : 겨울 방학에 부산에 가 보고 싶어요.
광안리에서 사진도 찍고 맛집에서 회도 먹어 보고 싶어요.

윤아: 저는 여름 방학에 갔어요. 광안리 참 좋았어요.
해수욕장에서 불꽃놀이도 보고, 카페에서 디저트도 먹어 보세요.

新しい語彙と発音

2-35

□ 지금 今
□ 여행 旅行
□ 블로그 ブログ
□ 보다 見る、観る
□ 왜 どうして、なぜ
□ 가다 行く
□ 싶다 ～たい
□ 겨울 冬
□ 방학 (学校の) 休み
□ 부산 釜山
□ 광안리 広安里(釜山の観光名所)
□ 사진 写真
□ 찍다 撮る
□ 맛집 美味しい店
□ 회 刺身
□ 여름 夏
□ 참 本当に、とても
□ 해수욕장 海水浴場
□ 불꽃놀이 花火
□ 디저트 デザート

□ 겨울 방학[겨울빵학]
□ 광안리[광알리]
□ 맛집[맏찝]
□ 여름 방학[여름빵학]
□ 해수욕장[해수욕짱]
□ 불꽃놀이[불꼰노리]

書いてみよう

次の日本語を韓国語に訳してみましょう。

1) 毎週土曜日(に)は英語教室に通っています。 〔英語教室 영어 학원〕

2) 明日は少し寒くて風もたくさん(強く)吹きます。

3) お金を貯めて、世界一周をしたいです。それで、多くの人々と会ってみたいです。
〔お金 돈, 貯める 모으다, 世界一周 세계 일주, 多くの 많은〕

4) 「昨夜(に)、何をしていましたか。」
「ジムで運動をしていました。」 〔昨夜 어제 저녁, ジム 헬스장〕

5) 風邪をひいて、今日は家で休んでいます。

6) 「ジュンさん、いつ来ますか。」
「今着きました。駐車場に駐車しています。」
〔着く 도착하다, 駐車場 주차장, 駐車する 주차하다〕

言ってみよう

2人は何を着用していますか。次のように、言ってみましょう。

2-36

남자는 모자를 쓰고 있어요.
여자는 양산을 쓰고 있어요.

第15課 오늘이 몇 월 며칠이에요?

表現

2-37

1 漢語数詞

1	2	3	4	5	6	7	8	9	10
일	이	삼	사	오	육	칠	팔	구	십

11	12	13	14	15	16	17	18	19
십일	십이	십삼	십사	십오	십육	십칠	십팔	십구

20	30	40	50	60	70	80	90
이십	삼십	사십	오십	육십	칠십	팔십	구십

百	千	万	億	兆	0
백	천	만	억	조	영/공

- 16（십육）は［심뉵］, 106（백육）は［뱅뉵］と発音される。
- 漢語数詞は、電話番号や住所、物の値段、年、日、分、秒、重量、長さなどに用いられる。
- 「0」は、おおむね数量を持たない0の意味の番号では「공」を、数量を持つ0の意味がある場合は「영」を使う。

010-7318-0356　공일공의 칠삼일팔의 공삼오육［공일공에 칠사밀파레 공사모륙］
1160万ウォン　천백육십만 원［천뱅뉵씸마눤］

練習1 例にならい文を作り、読んでみましょう。

（例）저 버스 / 702번(番)　→ 저 버스는 칠백이 번이에요.

1) 시험 / 340쪽까지(ページまで)　→
2) 여기 / 11층(階)　→
3) 여동생 / 초등학교(小学校) 6학년　→
4) 노트북 / 1,580,000원　→

2 년월일, 요일　年月日、曜日

2-38

● ～月

年(년)と日(일)は漢語数詞を用いる。

月の名前を表す일월(1月), 이월(2月)などは名詞であり、一つの単語である。

1月	2月	3月	4月	5月	6月
일월	이월	삼월	사월	오월	유월
7月	8月	9月	10月	11月	12月
칠월	팔월	구월	시월	십일월	십이월

2006년 6월 6일　　　이천육년 유월 육일

2010년 10월 10일　　　이천십년 시월 십일

● ～曜日

月曜日	火曜日	水曜日	木曜日	金曜日	土曜日	日曜日
월요일	화요일	수요일	목요일	금요일	토요일	일요일
평일(平日)					주말(週末)	

練習2 次の年月日をハングルで書いて、読んでみましょう。

1) 1446年10月9日　→

2) 1948年8月15日　→

3) 1950年6月25日　→

4) 2024年7月26日　→

5) 今日は何月何日？　→

2-39

3 몇 / 무슨　何

몇は数を数えるときに使われ、무슨は「何の～・どんな～」の意味を表す。ちなみに、무엇は単独の名詞としての「何」の意味で、会話では縮約形の뭐も用いられる。

몇 학년이에요?	何年生ですか。
전화번호가 몇 번이에요?	電話番号は何番ですか。*
오늘이 무슨 요일이에요?	今日は何曜日ですか。
무슨 일이에요?	何の用ですか。/ どうしたんですか。
내일 뭐 해요?	明日、何しますか。

* 婉曲語法：電話番号や住所、名前などを聞く時、韓国語では普段「○○이/가 어떻게 돼요? ○○はどのようになりますか。」と言う。

전화번호가 어떻게 돼요?

2-40

4 -네요　～ですね・～ますね

あることを知らせながら述べる時に用いる。なお、感嘆の意味も表す。
ㄹ語幹に初声ㄴが付くため、語幹末のパッチムㄹが脱落する。

語幹	오다	-네요	비가 오네요.	雨が降っていますね。
	좋다		날씨가 좋네요.	天気が良いですね。
ㄹ語幹（ㄹ脱落）	불다		바람이 부네요.	風が吹きますね。
（名詞）だ	눈**이**다		눈이네요.	雪ですね。

練習3 例にならい、文を作り、訳してみましょう。

（例）내용이 어렵다　→　내용이 어렵네요. 内容が難しいですね。

1) 하늘이 맑다　→

2) 저 사람은 유키 씨(이)다　→

3) 여기에서 한복을 팔다　→

会話

2-41 

준　: 오늘이 몇 월 며칠이에요?

윤아: 10월 31일이에요.

준　: 그래요? 그럼, 한국어 시험은 다음 주 목요일이네요.

윤아: 11월 6일이요?

시험 범위는 어디부터 어디까지예요?

준　: 10과부터 13과까지예요.

내용이 어려워서 열심히 공부하고 있어요.

新しい語彙と発音

2-42

□ 몇 何	□ 월 月	□ 며칠 何日
□ 시험 試験	□ 다음 주 来週	□ 목요일 木曜日
□ 범위 範囲	□ 과 課	□ 내용 内容
□ 열심히 一生懸命		

□ 몇 월[며둴]　□ 다음 주[다음쭈]　□ 시험 범위[시험뻐뮈]　□ 열심히[열씸히/열씨미]

書いてみよう

해요体を用いて、次の質問を訳し、自分の答えを書いてみましょう。
数詞はアラビア数字ではなく、ハングルで書いてください。

1) 何年生ですか。

2) 何年生まれですか。　〔年生まれ 년생〕

3) 誕生日はいつですか。

4) 電話番号は何番ですか（←どのようになりますか）。

5) 昨日は何月何日何曜日でしたか。

言ってみよう

次のように言ってみましょう。

● 냉면 전문점

비빔냉면 8,900

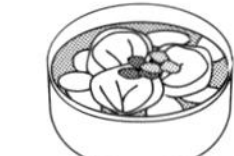
떡만둣국 7,800

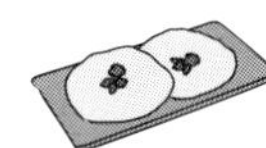
녹두전 6,900

해물파전 9,800

물냉면 8,900

뚝배기불고기 9,500

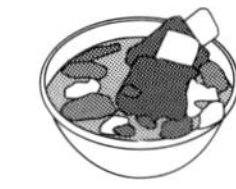
갈비탕 10,500

떡갈비 11,000

2-43

가 : 물냉면 얼마예요?
나 : ＿＿＿＿＿ 원이에요.
가 : 녹두전은 얼마예요?
나 : ＿＿＿＿＿ 원이에요.
가 : 물냉면 둘, 녹두전 하나 주세요.
나 : 전부 ＿＿＿＿＿＿＿ 원이에요.

〔얼마 いくら, 둘 二つ, 하나 一つ, 전부 全部で〕

● 가구・인테리어

기본 책상 51,300원
의자 64,700원

탁자 87,000원

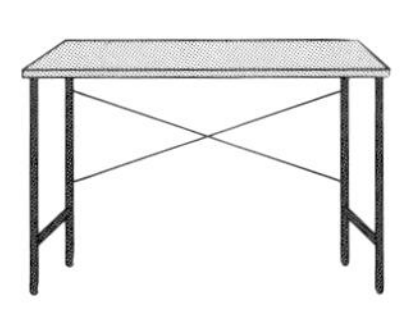
책꽂이 9,900원

컴퓨터 책상 95,200원

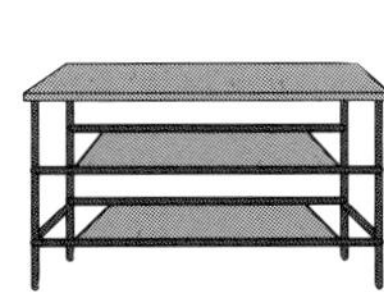
삼단 선반 24,000원

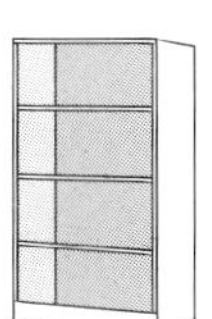
사단 책장 139,000원

가 : 이 컴퓨터 책상 얼마예요?
나 : ＿＿＿＿＿＿＿ 원입니다.
가 : 조금 비싸네요. 저 기본 책상은 얼마예요?
나 : 저건 ＿＿＿＿＿＿＿ 원입니다.
가 : 그럼 저 기본 책상 주세요.

〔기본 基本〕

몇 시 비행기예요?

表現

2-44

1 固有数詞

1	2	3	4	5	6	7	8	9	10
하나	둘	셋	넷	다섯	여섯	일곱	여덟	아홉	열
한	두	세	네						

11	12	13	14	15	16	17	18	19
열하나	열둘	열셋	열넷	열다섯	열여섯	열일곱	열여덟	열아홉
열한	열두	열세	열네					

20	30	40	50	60	70	80	90	100
스물	서른	마흔	쉰	예순	일흔	여든	아흔	백
스무								

・14は[열렌], 16は[열려섣], 18は[열려덜]と発音される。
・固有数詞は、年齢、人数、回数、何時、～個、～杯、～冊、～匹、～枚…などを数える時に用いられる。
・助数詞と共に用いられる時、縮約（하나→한）や終声の脱落（둘→두）などがある。
・100からは漢数詞を使う。

저는 스무 살입니다. 私は20歳です。
교실에 학생이 스물한 명 있어요. 教室に学生が21名います。
도쿄디즈니랜드에 다섯 번 갔어요. 東京ディズニーランドに5回行きました。

練習1 例にならい文を作り、読んでみましょう。

（例） 소 / 7마리 → 소가 일곱 마리 있어요.

1) 꽃 / 12송이 →

2) 영화표 / 5장 →

3) 커피 / 6잔 →

4) 책 / 34권 →

2 시, 분　時、分

2-45

時刻を表す際、時には固有数詞、分には漢語数詞が用いられる。

몇 시 몇 분이에요?	何時何分ですか。
오후 두 시 사십 분이에요.	午後2時40分です。
오전 여덟 시 반이네요.	午前8時半ですね。

練習2 時計を見て、時間を言ってみましょう。

1) 11:50 → ________________

2) 4:48 → ________________

3) 7:27 → ________________

4) 6:16 → ________________

5) 5:55 → ________________

3 -지요?　～でしょう・～ますよね

2-46

相手に対して、念を押したり同意を求めたりする気持ちを表す。会話では、-지요の縮約形である-죠がよく使われている。

語幹	왔다	-지요?	눈이 왔죠?	雪が降ったでしょう。
(名詞)だ	도쿄(이)다	-죠?	집이 도쿄지요?	家は東京でしょう。

練習3 例にならい文を作り、訳してみましょう。

(例) 문제가 쉽다 → 문제가 쉽지요/쉽죠? 問題が簡単でしょう。

1) 길이 많이 막히다 →

2) 여기에 공항버스가 서다 →

3) 내일이 생일이다 →

4) 오늘 일찍 출근했다 →

2-47

4 時間名詞と-에

에は、時間名詞に付いて、あることや行為が行われる時点を表す。しかし、一昨日、昨日、今日、明日、明後日、そして、いつ(언제)や毎日には付かない。

언제 유학을 가요?　　いつ留学に行きますか。
내년에 가요.　　来年行きます。

✻ 時間名詞

年	月	週	日
			그제 一昨日
작년 去年	지난달 先月	지난주 先週	어제 昨日
올해 今年	이번 달 今月	이번 주 今週	오늘 今日
내년 来年	다음 달 来月	다음 주 来週	내일 明日
			모레 明後日

2-48 **練習4** 例にならい、会話を完成させましょう。

(例) 영국에 언제 갔다왔어요? (去年)　→ 작년에 갔다왔어요.

1) 회의가 언제 있어요? (来週)　→
2) 발표를 언제 해요? (明後日)　→
3) 언제 이사했어요? (今月3月)　→
4) 행사가 언제 열려요? (今日)　→
5) 축제가 언제 있었어요? (先週の金曜日)　→

会話

2-49 

준　: 내일 고향에 가죠? 몇 시 비행기예요?

윤아: 11시 45분 비행기예요.

준　: 할머니 생일에 누가 와요?

윤아: 우리 가족 3명, 친척 6명, 모두 9명이에요.
할머니 일흔 번째 생신이라서 모두 모여요.

준　: 와! 많이 모이네요. 저하고 동갑인 사촌도 와요?

윤아: 아니요, 지난달에 군대에 갔어요.

新しい語彙と発音

2-50

□ 고향 故郷、実家	□ 시 時	□ 비행기 飛行機
□ 분 分	□ 할머니 おばあさん、祖母	□ 생일 誕生日
□ 누가 誰が	□ 우리 私たち、うち	□ 가족 家族
□ 명 名	□ 친척 親戚	□ 모두 みんな
□ 번째 回目	□ 생신 誕生日の尊敬語	□ 모이다 集まる
□ 와! わあ!	□ −하고 ～と	□ 동갑 同い年
□ −인 ～である(−이다の連体形)	□ 사촌 いとこ	□ 지난달 先月
□ 군대 軍隊		

□ 몇 시[멷씨]　□ 여섯 명[여선명]　□ 아홉 명[아홈명/아옴명]

書いてみよう

해요体を用いて、次の日本語を訳してみましょう。

数詞は、アラビア数字ではなく、ハングルで書いてください。

1) お祖父さんは昨日ビールを5本買って、今日1本飲みました。 〔ビール 맥주, ~本 병〕

2) レストランに約束(の)時間の30分前に着きました。

〔レストラン 레스토랑, 約束 약속, 前 전〕

3) 誕生日は10月9日でしょう。ハングルの日と同じですね。

〔ハングルの日 한글날, 同じだ 같다〕

4) 今日は本当に寒いですね。もうすっかり冬ですね。

〔もう 이제, すっかり 완전히〕

5) ソウルの11月平均最低気温は4度です。東京の11月平均最低気温は9度です。

〔平均 평균, 最低気温 최저기온, 度 도〕

言ってみよう

次のように友だちと話し合ってみましょう。

2-51

강아지가 열두 마리 있어요.

고향 친구가 세 명 있어요.

명	마리	대	개
고향 친구	강아지	자동차	우산
유학생	오리	자전거	가방
미국 사람	비둘기	컴퓨터	사탕
손님		휴대폰	딸기
			팥빙수

장	권	병	켤레
종이	책	생수	운동화
사진	교과서	소주	슬리퍼
티켓	잡지	막걸리	부츠
표	공책	콜라	장갑
상품권	사전		양말

같이 영화 보러 갈까요?

表現

2-52

1 -(으)러 ～(し)に

行為の目的を表す表現。主に가다や오다, 다니다のような移動動詞と共に用いられる。

語幹	基本形		例	
母音終わり	**마시**다	-러	차 마시러 가요.	お茶飲みに行きましょう。
ㄹ語幹（ㄹ脱落）	**놀**다	-러	놀러 오세요.	遊びに来てください。
子音終わり	**먹**다	-으러	저녁 먹으러 왔어요.	夕食食べに来ました。

練習1 例にならい、文をつなぎ訳してみましょう。

(例) 진찰을 받다
1) 소포를 부치다
2) 비자를 받다
3) 컴퓨터를 배우다
4) 지갑을 사다

우체국에 가요.
백화점에 왔어요.
병원에 갔어요. ✓
학원에 다녀요.
대사관에 갔어요.

(例) 진찰을 받으러 병원에 갔어요. 診察を受けに病院に行きました。

1) ______________________

2) ______________________

3) ______________________

4) ______________________

2 -으로/로　～で

2-53

道具や手段、材料、言語に付く「～で」に相当する。

子音終わり	-으로	母音終わり ㄹ終わり	-로
신칸센	신칸센으로	버스 지하철	버스로 지하철로

학교에 자전거로 다녀요.　学校に自転車で通っています。
영어로 말하세요.　英語で話してください。
이 인형은 종이로 만들었어요.　この人形は紙で作りました。

練習2 例にならい、表を完成させましょう。

밀가루 小麦	밀가루로	볼펜 ボールペン	
쌀 米		연필 鉛筆	
콩 豆		파란색 青色	
나무 木		한국말 韓国語	

練習3 例にならい、答えてみましょう。

2-54

(例) 약속에 늦었어요. 어떻게 가요? (택시) → 택시로 가요.

1) 이름을 무슨 색으로 써요? (검정색) →
2) 찌개를 무엇으로 먹어요? (순가락) →
3) 리포트는 어떻게 작성해요? (컴퓨터) →
4) 오키나와에 어떻게 가요? (비행기) →
5) 어떻게 연락해요? (이메일) →

2-55

3 -(으)ㄹ까요? ～ましょうか

相手の意向や意見を尋ねたり、相手に提案したりすることを表す。

語幹	基本形		例	
母音終わり	**만나**다	-ㄹ까요?	만날까요?	会いましょうか。
ㄹ語幹（ㄹ脱落）	**놀**다		놀까요?	遊びましょうか。
子音終わり	**먹**다	-을까요?	먹을까요?	食べましょうか。

2-56

練習4 例にならい、後に続く文を選び、会話を完成させましょう。

가

(例) 오늘, 날씨가 좋네요!

1) 다음 주가 유키 씨 생일이에요.

2) 바람이 너무 세요.

3) 다리가 좀 아파요.

4) 다음 달에 기숙사를 나와요.

5) 누나가 지금 집에 없어요.

나

창문을 닫다

몇 시에 다시 전화를 걸다

공원에서 산책하다 ✓

여기서 좀 쉬다

같이 선물을 사러 가다

제가 이사를 돕다

(例) 그럼, 공원에서 산책할까요?

1) 그럼, ______________________________

2) 그럼, ______________________________

3) 그럼, ______________________________

4) 그럼, ______________________________

5) 그럼, ______________________________

会話

2-57

윤아 : 오늘 같이 영화 보러 갈까요?

준 : 어, 미안해요.

태블릿으로 영화 보고 있었어요.

윤아 : 그러면 우리 자전거로 한강공원까지 가 봐요.

준 : 여기서 한강공원까지 멀지 않아요?

윤아 : 자전거 도로도 있어서 30분 정도 걸려요.

준 : 좋아요. 가 보고 싶었어요.

윤아 : 그럼, 내일 10시에 출발할까요?

준 : 네, 한강에서 라면하고 치킨도 꼭 먹어요.

新しい語彙と発音

2-58

□ 영화 映画	□ 어 あ!(感嘆詞)	□ 미안하다 すまない
□ 태블릿 タブレット	□ -로/으로 ~で	□ 그러면 それなら
□ 자전거 自転車	□ 한강 漢江(ソウルの中心を東西に流れる川)	
□ 공원 公園	□ -서 ~で(에서の縮約語)	□ 도로 道路
□ 정도 くらい、程度	□ 걸리다 かかる	□ 출발하다 出発する
□ 라면 ラーメン	□ 치킨 チキン	□ 꼭 是非、必ず

□ 30분[삼십뿐]

書いてみよう

次の日本語を韓国語に訳してみましょう。

1) レポートの資料を探しに図書館に来ました。

2) 明日はユナさんの誕生日です。誕生日ケーキ、一緒に作りましょうか。 〔ケーキ 케이크〕

3) 部屋が少し寒いですね。 暖房温度を少し上げましょうか。
〔暖房 난방, 温度 온도, 上げる 올리다〕

4) 「疲れているから、タクシーで行きましょうか。」
「タクシーは高いから、バスで行きましょう。」

5) スマートフォンで写真を撮って、ＳＮＳにアップしました。 〔アップする 올리다〕

6) 髪が長くて切りたいです。髪を切りに美容室に行きます。
〔髪 머리, 切る 자르다, 美容室 미용실〕

7) 韓国人はスプーンと箸で食事をします。 〔箸 젓가락, 食事 식사〕

言ってみよう

ペアになって、次のように話し合ってみましょう。

2-59

공항까지 어떻게 가요?

시내버스 으로/(로) 가요.

시내버스　공항버스　지하철　택시　차

고향에 어떻게 가요? ＿＿＿＿＿으로/로 가요.

고속버스　비행기　배　KTX　신칸센

뭐로 양념을 했어요? ＿＿＿＿＿으로/로 양념했어요.

간장　고추장　된장　설탕　소금　참기름　마늘

뭘로 계산해요? ＿＿＿＿＿으로/로 계산해요.

현금　(신용)카드　티머니　교통카드　○○페이

아직 약속 장소를 정하지 않았어요.

그럼, 약속 장소를 ＿＿＿＿＿으로/로 알려 주세요.

문자　전화　이메일　라인　카톡

* 시내버스 市内バス, 차 車, 고속버스 高速バス, 배 船, KTX 韓国の高速列車, 신칸센 新幹線, 양념 味付け, 간장 醤油, 고추장 コチュジャン, 된장 味噌, 설탕 砂糖, 소금 塩, 참기름 ごま油, 마늘 ニンニク, 계산하다 会計する, 현금 現金, 신용카드 クレジットカード, 교통카드 交通カード 아직 まだ, 장소 場所, 정하다 決める, 문자 ショートメッセージ, 카톡 カカオトーク

◆ 本文の日本語訳

第6課 私は坂井ジュンです P. 37

こんにちは。私は坂井ジュンです。

こんにちは。私はキム・ユナです。

ユナさんは1年生ですか。

いいえ、私は1年生ではありません。

2年生です。

お会いできて嬉しいです。よろしくお願いします。

第7課 私は毎日韓国語を勉強しています P. 43

私は毎日韓国語を勉強しています。

韓国語は楽しいですか。

はい、楽しいです。

しかし、「パッチム」が少し難しいです。

あ、「パッチム」？それでも発音がとても良いです。

ありがとうございます。

第8課 どこに住んでいますか P. 49

どこに住んでいますか。

学校の近くに住んでいます。

家賃が少し高いです。

だから来月引越しします。

そうですか。私は家から学校までとても遠いです。

だから学校で夕食を食べます。

第9課 友だちとカフェでコーヒーを飲みます P. 55

こんにちは。

私はキム・ユナです。

韓国大学2年生です。1年生ではありません。

大学での専攻は国際関係学です。

学校には留学生の友だちが多いです。

留学生の友だちとよくカフェでコーヒーを飲みます。

私はアメリカーノとマカロンが好きです。

第10課　明日は雨が降りません　P. 61

今日は天気が良くありません。

はい、朝から夕方まで雨が降ります。

明日の天気はどうですか。

明日は雨が降りません。

では、明日学校で一緒に運動しましょう。

そうしましょう。ところで夕方にサークルの集まりがあります。

午前に会いましょう。

第11課　コチュジャンが入っていて、少し辛いです　P. 67

留学生活はどうですか。とても忙しいですか。

はい、それでも友だちが多くて楽しいです。

そして、食べ物も美味しいです。

今日、学生食堂で何（を）食べますか。

ビビンバを食べます。金曜日のメニューにはビビンバがあります。

ビビンバが好きですか。

はい、しかしコチュジャンが入っていて、少し辛いです。

その通りです。だから、私はチャプチェが好きです。

第12課　そのバスに乗ってください　P. 73

駅から学校まで遠くて少し不便です。

駅の向こう側にバス停があるからバスに乗ってください。

そして、「韓国大学正門」で降りてください。

あちらの正門前にバス停があります。一緒に行きましょう。

（バス停で）

このバスですか。

はい、そのバスに乗ってください。

第13課 昨日、とても寒くて風邪をひきました P. 79

どこか痛いですか。
昨日、とても寒くて風邪をひきました。
それでメディアの授業に欠席したのですか。
はい、頭がとても痛かったです。
宿題(は)ありますか。
もちろんです。今週は人気コンテンツの調査が宿題です。
ところで、薬は飲みましたか。
風邪には生姜茶が良いです。

第14課 冬休みに釜山へ行ってみたいです P. 85

今、何(を)見ていますか。
旅行ブログを見ています。
どうしてですか。どこか(へ)行きたい(の)ですか。
冬休みに釜山へ行ってみたいです。
広安里で写真も撮って美味しい店で刺身も食べてみたいです。
私は夏休みに行きました。広安里、本当に良かったです。
海水浴場で花火も見て、カフェでデザートも食べてみてください。

第15課 今日は何月何日ですか P. 91

今日は何月何日ですか。
10月31日です。
そうですか。では、韓国語の試験は来週の木曜日ですね。
11月6日ですか。
試験範囲はどこからどこまでですか。
10課から13課までです。
内容が難しくて一生懸命勉強しています。

第16課 何時の飛行機ですか

P. 97

明日、故郷に帰るでしょう。何時の飛行機ですか。

11時45分の飛行機です。

おばあさんのお誕生日に誰が来ますか。

私の家族3人、親戚が6人、みんなで9人です。

おばあさんの70回目のお誕生日なので、みんな集まります。

わあ！ たくさん集まりますね。私と同い年のいとこも来ますか。

いいえ、先月軍隊に行きました。

第17課 一緒に映画観に行きましょうか

P. 103

今日一緒に映画観に行きましょうか。

あ、ごめんなさい。

タブレットで映画（を）観ていました。

それなら、私たち自転車で漢江公園まで行ってみましょう。

ここから漢江公園まで遠くありませんか。

自転車道路もあるので30分くらいかかります。

良いですね。行ってみたかったんです。

では、明日10時に出発しましょうか。

はい、漢江公園でラーメンとチキンも是非食べましょう。

単語リスト（韓国語 → 日本語）

ㄱ

韓国語	日本語	課
-가	～が	7
가게	店	7
가구	家具	15
가깝다	近い	7
가끔	たまに	9
가다	行く	7
가다	帰る	10
가르치다	教える	9
가방	カバン	12
가수	歌手	14
가위	ハサミ	3
가을	秋	7
가족	家族	9
가짜	偽物	3
간장	醤油	17
갈비탕	カルビタン	15
감기	風邪	11
감기에 걸리다	風邪をひく	11
감사하다	ありがたい	7
감상	鑑賞	6
감자탕	カムジャタン	11
값	値段	4
갔다오다	行ってくる	16
강아지	子犬	8
강의	講義	7
같다	同じだ	16
같이	一緒に	5
개	犬	9
개	～個	16
개학	新学期の始まり、開講	10
건강하다	健康だ	11
건너다	渡る	9
건너편	向こう側	12
건네다	渡す	9
건물	ビル	12
걷다	歩く	10
걸다	かける	17
걸리다	かかる	10
검정색	黒色	17
게임	ゲーム	6
게임기	ゲーム機	13
겨울	冬	7
겨울 방학	冬休み	14
결석하다	欠席する	13
결혼	結婚	5
경기	試合	6
경복궁	景福宮	12
경영학	経営学	9
경제학	経済学	8
경주	慶州	9
경찰	警察	6
계산하다	会計する	17
고기	肉	3
고등학생	高校生	6
고르다	選ぶ	12
고맙다	ありがたい	11
고속버스	高速バス	17
고양이	猫	9
고추장	コチュジャン	11
고향	故郷、実家	9
고프다	お腹がすく	11
곧	すぐ	4
곱다	綺麗だ	11
공	0	5
공부	勉強	7
공부하다	勉強する	7
공원	公園	8
공책	ノート	13
공항	空港	5
공항버스	空港バス	16
-과	～と	9
과	課	15
과일	果物	9
과자	お菓子	7
과제	課題	7
관람	観覧	6
관련	関連	5
광안리	広安里	14
교과서	教科書	3
교실	教室	10
교토	京都	4
교통카드	交通カード	17
구	九	5
구구단	九九	13
구두	靴	14
구십	九十	15
구월	9月	15
구입하다	購入する	12
국내	国内	5
국어	国語	5
국제관계학	国際関係学	9
군대	軍隊	16
굳이	あえて	5
굽다	焼く	14
권	冊	16
귀엽다	可愛い	11
귤	ミカン	9
그	その	12
그것	それ	6
그래도	それでも	7
그래서	それで	8
그래요	そうしましょう	10
그래요?	そうですか	8
그러면	それなら	17
그런데	ところで	10
그럼	では、それなら	10
그럼요	もちろんです、そうですよ	13
그리고	そして	7
그저께	一昨日	13
그제	一昨日	16
그쪽	そちら	12
근처	近く、近所	8
금	金	6
금요일	金曜日	8
급식	給食	13
급행	急行	5
기다리다	待つ	9
기본	基本	15
기분	気分	11
기뻐하다	喜ぶ	13
기쁘다	嬉しい	11
기숙사	寮	17
기온	気温	10
기자	記者	6
기타	ギター	14
기한	期限	12
길	道、道路	11
길다	長い	13
김밥	キンパ	11
까지	…まで	8
까치	カササギ	3
깎다	剥く	11
깨끗하다	清潔だ、綺麗だ	10
꼭	是非、必ず	17
꽃	花	4
꽈배기	クァベギ（揚げパン）	11
끄다	消す	11

끝나다	終わる	5
끼다	つける	14

ㄴ

나	私、僕	6
나누다	分ける	9
나다	出る	11
나라	国	6
나무	木	3
나쁘다	悪い	11
나오다	出る、出てくる	13
난방	暖房	17
날씨	天気	10
남동생	弟	9
내	僕の、私の	9
내년	来年	8
내리다	降る、降りる	10
내용	内容	15
내일	明日	10
냉면	冷麺	15
너무	とても、あまりにも	8
넓다	広い	4
네	はい、ええ	11
넷	四	5
네	四	16
년	～年	15
년생	～年生まれ	15
노래	歌	3
노래방	カラオケ	9
노력	努力	4
노트북	ノートパソコン	8
녹두	緑豆	15
녹차	緑茶	7
놀다	遊ぶ	8
놀이공원	遊園地	13
높다	高い	10
누구	誰	3
누나	姉（弟から）	6
눈	雪	10
눈	目	11
눕다	横になる	11
뉴욕	ニューヨーク	8
-는	～は	6
늘	いつも、常に	9
늦게	遅く	10
늦다	遅れる	11

ㄷ

다니다	通う	8
다리	脚、橋	3
다섯	五	5
다시	再び、また	10
다음	次、今度	8
다음 달	来月	8
다음 주	来週	8
닦다	磨く	5
단어	単語	5
단풍	紅葉	7
닫다	閉める	12
달다	甘い	8
달리기	ランニング、走り	7
닭	鶏	4
닭갈비	タッカルビ	11
답하다	答える	12
당근	人参	9
대	～台	16
대사관	大使館	17
대운동장	大運動場	10
대학	大学	4
대학교	大学	6
대학생	大学生	6
대회	大会	10
댄스	ダンス	6
덥다	暑い	7
덮다	閉じる	12
-도	～も	11
도	～度	16
도로	道路	12
도서관	図書館	6
도시락	お弁当	11
도착하다	着く、到着する	14
도쿄	東京	4
독서	読書	6
독일	ドイツ	6
돈	お金	7
돕다	助ける、手伝う	11
동갑	同い年	16
동대문 디자인플라자	東大門 デザインプラザ	10
동물	動物	9
동생	弟、妹	6
동아리	サークル	10
동영상	動画	9
되다	なる	9
된장	味噌	17
두	二	16
두부	豆腐	3
둘	二、二つ	5
뒤	後ろ	8
드디어	ついに	3
드라마	ドラマ	7
듣다	聞く	7
-들	～たち、～ら	9
들다	持つ	12
들어 있다	入っている	11
들어오다	入る	12
등산	登山	13
등산열차	登山電車	13
디저트	デザート	14
디즈니랜드	ディズニーランド	16
따뜻하다	暖かい、温かい	5
따라 하다	ならう、真似する	12
딸	娘	4
딸기	イチゴ	16
때	～時	13
때때로	時々、しばしば	9
떡갈비	カルビ焼き	15
떡만둣국	もちぎょうざスープ	15
떡볶이	トッポキ	11
또	また	3
뚝배기	土鍋	15
뛰다	走る	11

ㄹ

라디오	ラジオ	3
라면	ラーメン	10
라인	LINE	17
레스토랑	レストラン	16
로프웨이	ロープウェイ	13
-를	を	7
리코더	リコーダー	13
리포트	レポート	7

ㅁ

마늘	ニンニク	17
마리	～匹	16
마시다	飲む	7
마음	心	4
마지막으로	最後に	13
마카롱	マカロン	9
마트	マート	9

한국어	日本語	課
마흔	四十	16
막걸리	マッコリ	16
막히다	渋滞する	11
만	万	15
만나다	会う	7
만들다	作る	7
많다	多い	5
많은	多くの	14
많이	たくさん	11
말하다	言う、話す	10
맑다	晴れだ	10
맛	味	4
맛있는	美味しい（連体形）	5
맛있다	美味しい	7
맛집	美味しい店	14
맞는 것	正しいもの	12
맞아요	その通りです	11
매다	巻く	14
매워요	辛いです	11
매일	毎日	7
매주	毎週	14
맥주	ビール	16
맵다	辛い	5
머리	頭、髪	3
먹다	食べる	7
멀다	遠い	7
메뉴	メニュー	11
메다	背負う、肩にかける	14
며칠	何日	15
명	～名	16
몇	何	15
모두	みんな	16
모레	明後日	3
모으다	集める、貯める	11
모임	集まり、集い	10
모자	帽子	14
목	喉	11
목	木	6
목요일	木曜日	10
몸	体	10
몸이 안 좋다	具合が悪い	10
무슨	何の	9
무엇	何	6
문	ドア	12
문자	ショートメッセージ	17
문제	問題	12
문화	文化	7
물	水	6
물냉면	水冷麺	15
물놀이	水遊び	5
뭐	何	11
뭘	何を	9
뮤지컬	ミュージカル	10
미국	アメリカ	6
미국 사람	アメリカ人	6
미디어	メディア	13
미술관	美術館	13
미안하다	すまない	11
미용실	美容室	17
밀가루	小麦粉	17
밑	下	8
ㅂ		
바다	海	3
바람	風	7
바빠요	忙しいです	3
바쁘다	忙しい	11
바지	ズボン	3
박	朴	4
박물관	博物館	8
밖	外	4
반	半	4
반갑다	会えて嬉しい	6
반지	指輪	14
받다	受ける、もらう	17
받침	終声	7
발	足	4
발음	発音	5
발표하다	発表する	8
밝다	明るい	5
밟고	踏んで	4
밟다	踏む	4
밤	夜	4
밥	ご飯	4
방	部屋	4
방값	家賃	8
방학	休み（学校の）	5
밭	畑	4
배	お腹	11
배	船	17
배낭	リュックサック	14
배우	俳優	6
배우다	習う、学ぶ	7
배추	白菜	9
백	百	15
백만	百万	5
백화점	デパート	5
버스	バス	6
번	～番	15
번째	～回目	16
벌다	稼ぐ	7
범위	範囲	10
벗다	脱ぐ	5
벚꽃	桜	7
베트남	ベトナム	6
병	～本	16
병원	病院	7
보내다	送る	9
보다	見る、観る	7
보이다	見える	13
보통	普通、普段	7
볼링	ボーリング	9
볼펜	ボールペン	6
봄	春	4
봄 방학	春休み	13
부산	釜山	8
부츠	ブーツ	16
부치다	送る（郵便で）	17
부침개	チヂミ	11
부탁하다	お願いする	6
부터	～から	10
분	～分	10
불고기	プルコギ	8
불꽃놀이	花火	14
불다	吹く	12
불편하다	不便だ	11
붙이다	付ける	5
브라질	ブラジル	6
블라우스	ブラウス	14
블로그	ブログ	14
비	雨	10
비둘기	鳩	16
비례	比例	3
비빔냉면	ビビン冷麺	15
비빔밥	ビビンバ	11
비싸다	高い（値段が）	3
비자	ビザ	17
비행기	飛行機	16
빌리다	貸し出す、借りる	11
빨리	早く、早めに	10
빵	パン	4

뽑다	抜く	11

ㅅ

사	四	5
사과	リンゴ	11
사귀다	付き合う	8
사다	買う	7
사람	人	6
사람들	人々	7
사십	四十	15
사월	4月	15
사자	ライオン	9
사전	辞書	16
사진	写真	10
사촌	いとこ	16
사탕	飴	16
산	山	9
산책하다	散歩する	8
살	歳	16
살다	住む	7
삼	三	5
삼겹살	サムギョプサル	11
삼계탕	参鶏湯	11
삼십	三十	4
삼월	3月	15
삿포로	札幌	4
상품권	商品券	16
새	鳥	3
색	色	9
생각하다	考える、思う	10
생강차	生姜茶	13
생수	ミネラルウォーター	16
생신	お誕生日	16
생일	誕生日	15
생활	生活	11
-서	～で	17
서다	立つ、止まる	9
서두르다	急ぐ	12
서른	三十	16
서울	ソウル	4
선물	プレゼント	17
선반	棚	15
선생님	先生	4
선수	選手	6
설날	お正月	5
설탕	砂糖	8
세	三	16
세계	世界	3
세계 일주	世界一周	14
세다	数える、強い	9
세종문화회관	世宗文化会館	10
셋	三	5
소	牛	16
소금	塩	17
소리	音	3
소설	小説	7
소주	焼酎	16
소파	ソファー	8
소포	小包	17
손님	お客	11
송이	輪	16
쇼핑하다	ショッピングする	8
수	水	6
수도	首都	6
수업	授業	7
수영	水泳	6
수요일	水曜日	10
수프	スープ	3
수학여행	修学旅行	13
숙제	宿題	7
순대	スンデ	11
순두부찌개	スンドゥブチゲ	11
숟가락	スプーン	5
술	酒	10
쉬다	休む	7
쉰	五十	16
쉽다	簡単だ	11
스마트폰	スマートフォン	13
스무	二十	16
스물	二十	16
스웨터	セーター	3
스카프	スカーフ	14
스키	スキー	9
스타일	スタイル	11
스포츠	スポーツ	6
슬리퍼	スリッパ	16
슬프다	悲しい	11
시	時	16
시간	時間	10
시계	時計	3
시내버스	市内バス	17
시원하다	涼しい	7
시월	10月	15
시작하다	始まる	10
시키다	出前する	11
시키다	注文する	12
시험	試験	6
식당	食堂	8
식사	食事	17
신다	履く	5
신문	新聞	7
신사	神社	13
신용카드	クレジットカード	17
신칸센	新幹線	17
싫다	いやだ	5
싫어하다	嫌いだ	5
십	十	5
십구	十九	15
십사	十四	5
십삼	十三	5
십오	十五	5
십육	十六	15
십이	十二	5
십이월	12月	15
십일	十一	5
십일월	11月	15
십칠	十七	15
십팔	十八	15
싶다	～たい	14
싸다	安い	8
싸다	作る（お弁当を）	11
쌀	米	17
쓰다	書く、使う	7
쓰다	さす（傘を）	14
쓰다	かぶる（帽子を）	14
쓰다	かける（眼鏡を）	11
쓰레기	ゴミ	12
씨	～さん、～氏	6
씹다	噛む	11
씻다	洗う	11

ㅇ

아	あ、ああ！	7
아니다	～ではない	6
아니요	いいえ	6
아래	下	8
아르바이트	アルバイト	7
아름답다	美しい	7
아메리카노	アメリカーノ（コーヒー）	9
아버지	父	3
아이	子ども	2

아이스크림	アイスクリーム	11
아저씨	おじさん	3
아침	朝、朝食	10
아프다	痛い	11
아홉	九	5
아흔	九十	16
안	～ない	10
안	中	8
안 되다	だめだ	9
안경	眼鏡	11
안녕하세요	こんにちは	6
안녕하십니까?	こんにちは	6
앉다	座る	5
알다	知る、分かる	12
앞	前	4
앞으로	これから	10
야간개장	夜間開場	12
야구	野球	6
야채	野菜	9
약	薬	11
약과	薬菓	11
약국	薬局	9
약속	約束	16
약을 먹다	薬を飲む	13
양념	味付け	17
양념치킨	ヤンニョムチキン	11
양말	靴下	14
양산	日傘	14
양파	玉ねぎ	9
어	あ！（感嘆詞）	17
어느	どの	12
어느 것	どれ	11
어느 쪽	どちら	11
어디	どこ	6
어디서	どこで	10
어때요?	どうですか	3
어떻게	どうやって	8
어렵다	難しい	7
어머니	母	3
어제	昨日	3
어제 저녁	昨夜	14
억	億	15
언니	姉（妹から）	9
언제	いつ	14
언제나	いつも、いつでも	9
얼굴	顔	4
얼마나	どのくらい	10
없다	ない、いない	8
-에	～に、～へ	7
-에서	～で、～から	8
에어컨	エアコン	12
에이	A	2
여기	ここ	6
여덟	八	4
여동생	妹	11
여든	八十	16
여름	夏	7
여섯	六	5
여우	きつね	2
여유	余裕	2
여행	旅行	6
여행하다	旅行する	9
역	駅	7
연락	連絡	5
연락하다	連絡する	10
연습	練習	9
연주	演奏	6
연필	鉛筆	6
열	熱	11
열	十	5
열넷	十四	5
열다섯	十五	5
열둘	十二	5
열셋	十三	5
열심히	一生懸命	13
열아홉	十九	16
열여덟	十八	16
열여섯	十六	16
열일곱	十七	16
열리다	開かれる	16
열하나	十一	5
영	0	5
영국	イギリス	6
영어	英語	5
영어 학원	英語教室	14
영화	映画	5
영화표	映画チケット	16
옆	横、隣	8
예	はい	2
예쁘다	綺麗だ、可愛い	7
예순	六十	16
예의	礼儀	2
옛날	昔	5
오	五	5
오늘	今日	6
오늘날	今日	5
오다	来る、降る	7
오리	アヒル	16
오빠	兄（妹から）	3
오사카	大阪	4
오십	五十	15
오월	5月	15
오이	きゅうり	2
오전	午前	6
오키나와	沖縄	17
오후	午後	6
온도	温度	17
올리다	上げる、アップする	17
올해	今年	16
옷	服	4
옷장	クローゼット	5
-와	～と	9
와!	わあ！	16
와요	来ます	2
완전히	すっかり	16
왜	どうして、なぜ	2
왜요	どうしてですか	2
외국	外国	14
외우다	覚える	13
외워요	覚えます	2
요리	料理	6
요리하다	料理する	10
요일	曜日	15
요코하마	横浜	6
우리	私たち、うち	6
우리 집	我が家	6
우리나라	我が国	3
우산	傘	14
우아	優雅	2
우유	牛乳	2
우체국	郵便局	17
운동	運動	7
운동하다	運動する	10
운동화	運動靴	14
운전하다	運転する	14
울다	泣く	7
원	ウォン	15
월	月、～月	6
월요일	月曜日	10
위	上	2
유람선	遊覧船	14

유럽	ヨーロッパ	13
유명하다	有名だ	8
유월	6月	15
유의	留意	2
유학	留学	8
유학생	留学生	9
유행	流行	5
육	六	5
육십	六十	15
-은	～は	6
은행	銀行	5
-을	～を	7
음식	料理、食べ物	7
음악	音楽	6
-의	～の	6
의사	医者	6
의외	意外、案外	2
의의	意義	2
의자	椅子	15
이	この、二	2
-이	～が	7
이거	これ	10
이것	これ	6
이다	～である、～だ	6
이름	名前	6
이메일	メール	7
이번	今回	8
이번 달	今月	16
이번 주	今週	13
이번 주말	今週末	9
이사	引越し	8
이십	二十	15
이야기하다	話す	12
이외	以外	2
이용하다	利用する	13
이월	2月	15
이유	理由	2
이쪽	こちら	12
이탈리아	イタリア	6
-인	～である（連体形）	16
인기	人気	11
인도	インド	6
인천경기장	仁川競技場	10
인테리어	インテリア	15
인형	人形	17
일	仕事	7
일	日	6
일	一	5
일곱	七	5
일기	日記	7
일본	日本	4
일본 사람	日本人	6
일어나다	起きる	11
일요일	日曜日	10
일월	1月	15
일찍	早めに	11
일하다	働く	7
일흔	七十	16
읽기	読むこと	4
읽다	読む	4
잃어버리다	なくす	5
입다	着る	5
입문	入門	5
입시	受験	13
입학	入学	5
입학하다	入学する	8
있다	ある、いる	5

ㅈ

자다	寝る	9
자동차	自動車	6
자료	資料	8
자르다	切る	17
자전거	自転車	7
자주	よく、しばしば	9
작년	昨年	16
작다	小さい	7
작성하다	作成する	17
잔	～杯	16
잘	よく	6
잠실야구장	蚕室野球場	10
잡지	雑誌	7
잡채	チャプチェ	11
장	～枚	16
장갑	手袋	16
장소	場所	17
재미	面白さ	3
재미있다	面白い、楽しい	7
저	あの	8
저것	あれ	12
저기	あちら、あそこ	12
저녁	夕食、夕方	8
저녁밥	夕食	14
저쪽	あちら	12
적다	少ない	7
전	チヂミ	15
전	～前	16
전공	専攻	9
전문점	専門店	15
전부	全部、全部で	15
전시회	展示会	10
전자공학	電子工学	9
전철	電車	4
전화	電話	7
전화번호	電話番号	5
젊은이	若者	5
점심	お昼	8
접다	折る	11
젓가락	箸	17
정도	くらい、程度	17
정류장	停留所	12
정말	本当に、とても	7
정문	正門	12
정하다	決める	17
제	私の	6
제출	提出	12
조	兆	15
조금	少し	7
조사	調査	13
조용히	静かに	12
졸업식	卒業式	5
좀 더	もっと	12
좁다	狭い	11
종이	紙	5
종종	時々、しばしば	9
좋다	良い	5
좋아하다	好きだ	5
주	週	8
주말	週末	7
주문하다	注文する	12
주스	ジュース	3
주의	注意	3
주차장	駐車場	14
주차하다	駐車する	14
줍다	拾う	12
중	中	9
중국	中国	6
중요하다	重要だ	8
중학생	中学生	13
즐겁다	楽しい	11
지갑	財布	17

지금	今	8
지난달	先月	16
지난주	先週	16
지내다	過ごす	9
지키다	守る	12
지하철	地下鉄	7
진찰	診察	17
질문	質問	12
집	家	4
짜다	しょっぱい	3
짧다	短い	5
쪽	ページ	12
찌개	チゲ	17
찍다	撮る	10

ㅊ

차	お茶、車	17
차다	つける	14
참	本当に、とても	14
참가하다	参加する	10
참기름	ごま油	17
창문	窓	4
찾다	探す、下ろす	8
채소	野菜	9
책	本	4
책꽂이	本棚	15
책상	机	15
책장	本棚	15
처음	始め、初めて	6
천	千	15
청바지	ジーンズ	14
청소	掃除	7
청소하다	掃除する	14
체육	体育	10
초등학생	小学生	13
최고	最高	3
최저기온	最低気温	16
추다	踊る	9
축구	サッカー	6
축제	祭り	13
축하	お祝い	5
출근하다	出勤する	16
출발하다	出発する	8
출장	出張	14
춤	踊り	9
춥다	寒い	7
취미	趣味	3
층	階	15
치마	スカート	3
치킨	チキン	17
친구	友だち、友人	6
친척	親戚	16
친구들	友だち	6
칠	七	5
칠십	七十	15
칠월	7月	15
칠판	黒板	12

ㅋ

카톡	カカオトーク	17
카페	カフェ	9
칼국수	カルグクス	11
커피	コーヒー	3
컨텐츠	コンテンツ	13
컴퓨터	コンピューター	7
케이크	ケーキ	17
케이팝	K-POP	7
켜다	点ける	9
켤레	～足、～双	16
코	鼻	3
코끼리	象	3
콘서트	コンサート	9
콜라	コーラ	16
콩	豆	17
크다	大きい	7
클래식	クラシック	14
키우다	飼う、育つ	9

ㅌ

타다	乗る	7
탁자	机	15
태국	タイ	6
태블릿	タブレット	17
택시	タクシー	10
토	土	6
토요일	土曜日	10
퇴근하다	退勤する	11
특히	特に	5
틀린 것	誤りがあるもの	12
티머니	韓国の交通カード	17
티셔츠	Tシャツ	3
티켓	チケット	12

ㅍ

파	ネギ	15
파란색	青色	17
팔	八	5
팔다	売る	15
팔십	八十	15
팔월	8月	15
팝아트	ポップアート	10
팥빙수	かき氷	16
펴다	開く(本を)	9
편의점	コンビニ	5
평균	平均	16
평일	平日	7
표	チケット	3
풀다	解く	12
프랑스	フランス	6
피곤하다	疲れる	11
피다	咲く	7
피아노	ピアノ	6

ㅎ

-하고	～と	16
하나	一、一つ	3
하늘	空	15
하다	する	7
하지만	しかし、ところが	7
학교	学校	5
학교 축제	学園祭	13
학년	学年、～年生	5
학생	学生	5
학원	教室、塾	14
한	一	16
한강공원	漢江公園	10
한국	韓国	4
한국말	韓国語	5
한국어	韓国語	7
한국음식	韓国料理	7
한글	ハングル	4
한글날	ハングルの日	16
한복	韓服	13
할머니	おばあさん、祖母	16
할아버지	おじいさん、祖父	16
핫도그	ハットグ	11
항상	いつも、常に	9
해돋이	日の出	5
해물	海鮮	15
해수욕장	海水浴場	14

해외	海外	14
해운대	海雲台	14
해적선	海賊船	13
행사	イベント、行事	16
행운	幸運	5
헬스장	ジム	14
현금	現金	17
형	兄	14
호떡	ホットク	11
호주	オーストラリア	6
홋카이도	北海道	9
홍대	ホンデ、弘益大学	13
홍차	紅茶	7
화	火	6
화면	画面	12
화요일	火曜日	15
화장품	化粧品	14
회	刺身	14
회사	会社	3
회사원	会社員	6
회의	会議	7
회화	会話	3
후쿠오카	福岡	4
휴가	休暇	13
휴대폰	携帯電話	12
KTX	韓国の高速列車	17

単語リスト（日本語 → 韓国語）

日本語	韓国語	
あ		
あ！（感嘆詞）	어	17
ああ	아	7
アイスクリーム	아이스크림	11
会う	만나다	7
あえて	굳이	5
会えて嬉しい	반갑다	6
青色	파란색	17
明るい	밝다	5
秋	가을	7
上げる	올리다	17
朝	아침	10
明後日	모레	3
脚	다리	3
足	발	4
味	맛	4
味付け	양념	17
明日	내일	10
あそこ	저기	12
遊ぶ	놀다	8
暖かい、温かい	따뜻하다	5
頭	머리	3
あちら	저기, 저쪽	12
暑い	덥다	7
アップする	올리다	17
集まり	모임	10
集める	모으다	11
兄（妹から）	오빠	3
兄（弟から）	형	14
姉	누나/언니	6
あの	저	8
アヒル	오리	16
甘い	달다	8
あまりにも	너무	8
飴	사탕	16
雨	비	10
アメリカ	미국	6
アメリカ人	미국 사람	6
アメリカーノ（コーヒー）	아메리카노	9
誤りがあるもの	틀린 것	12
洗う	씻다	11
ありがたい	감사하다	7
ありがたい	고맙다	11
ある	있다	5
歩く	걷다	10
アルバイト	아르바이트	7
あれ	저것	12
いいえ	아니요	6
言う	말하다	10
家	집	4
以外	이외	2
意外、案外	의외	2
意義	의의	2
イギリス	영국	6
行く	가다	7
医者	의사	6
椅子	의자	15
忙しい	바쁘다	11
忙しいです	바빠요	3
急ぐ	서두르다	12
痛い	아프다	11
イタリア	이탈리아	6
一	일, 하나, 한~	5
1月	일월	15
イチゴ	딸기	16
いつ	언제	14
一生懸命	열심히	13
一緒に	같이	5
行ってくる	갔다오다	16
いつでも	언제나	9
いつも	언제나, 늘, 항상	9
いとこ	사촌	16
いない	없다	8
犬	개	9
イベント	행사	16
今	지금	8
妹	동생, 여동생	6
いやだ	싫다	5
いる	있다	5
色	색	9
仁川競技場	인천경기장	10
インテリア	인테리어	15
インド	인도	6
上	위	2
ウォン	원	15
受ける	받다	17
牛	소	16
後ろ	뒤	8
歌	노래	3
うち	우리	6
美しい	아름답다	7
海	바다	3
売る	팔다	15
嬉しい	기쁘다	11
運転する	운전하다	14
運動	운동	7
運動靴	운동화	14
運動する	운동하다	10
エアコン	에어컨	12
映画	영화	5
映画チケット	영화표	16
英語	영어	5
英語教室	영어 학원	14
ええ	네	11
駅	역	7
選ぶ	고르다	12
演奏	연주	6
鉛筆	연필	6
美味しい	맛있다	7
美味しい（連体形）	맛있는~	5
美味しい店	맛집	14
お祝い	축하	5
多い	많다	5
大きい	크다	7
多くの	많은	14
大阪	오사카	4
オーストリア	호주	6
お菓子	과자	7
お金	돈	7
沖縄	오키나와	17
お客	손님	11
起きる	일어나다	11
億	억	15
送る	보내다	9
送る（郵便で）	부치다	17
遅れる	늦다	11
おじさん	아저씨	3
おじいさん	할아버지	16
お正月	설날	5
教える	가르치다	9
遅く	늦게	10
お誕生日	생신	16
お茶	차	17
音	소리	3
弟	동생, 남동생	6
一昨日	그저께, 그제	13
踊り	춤	9
踊る	추다	9
同い年	동갑	16
お腹	배	11

お腹がすく	고프다	11
同じだ	같다	16
お願いする	부탁하다	6
おばあさん	할머니	16
お昼	점심	8
お弁当	도시락	11
覚えます	외워요	2
覚える	외우다	13
思う	생각하다	10
面白い	재미있다	7
面白さ	재미	3
降りる	내리다	10
折る	접다	11
下ろす	찾다	8
終わる	끝나다	5
音楽	음악	6
温度	온도	17

か

火	화	6
～課	~과	15
～が	~이/가	7
～階	~층	15
海外	해외	14
会議	회의	7
会計する	계산하다	17
開講	개학	10
外国	외국	14
会社	회사	3
会社員	회사원	6
海水浴場	해수욕장	14
海鮮	해물	15
海賊船	해적선	13
～回目	~번째	16
会話	회화	3
買う	사다	7
飼う	키우다	9
帰る	가다	10
顔	얼굴	4
カカオトーク	카톡	17
かかる	걸리다	10
かき氷	팥빙수	16
書く	쓰다	7
家具	가구	15
学園祭	학교 축제	13
学生	학생	5
学年	학년	5
かける (眼鏡を)	쓰다	11
傘	우산	14
カササギ	까치	3
貸し出す	빌리다	11
歌手	가수	14
風	바람	7
風邪	감기	11
稼ぐ	벌다	7
風邪をひく	감기에 걸리다	11
数える	세다	9
家族	가족	9
課題	과제	7
肩にかける	메다	14
学校	학교	5
悲しい	슬프다	11
必ず	꼭	17
カバン	가방	12
カフェ	카페	9
かぶる (帽子を)	쓰다	14
紙	종이	5
髪	머리(카락)	3
噛む	씹다	11
カムジャタン	감자탕	11
画面	화면	12
通う	다니다	8
火曜日	화요일	15
～から	~부터	10
～から	~에서	8
辛い	맵다	5
体	몸	10
辛いです	매워요	11
カラオケ	노래방	9
借りる	빌리다	11
カルグクス	칼국수	11
カルビタン	갈비탕	15
カルビ焼き	떡갈비	15
可愛い	귀엽다	7
可愛い	예쁘다	17
広安里	광안리	14
考える	생각하다	10
韓国	한국	4
韓国語	한국말, 한국어	5
鑑賞	감상	6
韓国料理	한국음식	7
簡単だ	쉽다	11
韓服	한복	13
観覧	관람	6
関連	관련	5
木	나무	3
気温	기온	10
聴く	듣다	7
期限	기한	12
記者	기자	6
ギター	기타	14
きつね	여우	2
昨日	어제	3
気分	기분	11
基本	기본	15
来ます	와요	2
決める	정하다	17
九	구, 아홉	5
休暇	휴가	13
急行	급행	5
九十	구십, 아흔	15
給食	급식	13
牛乳	우유	2
きゅうり	오이	2
今日	오늘	6
教科書	교과서	3
行事	행사	16
教室	교실	10
教室、塾	학원	17
京都	교토	4
慶州	경주	9
景福宮	경복궁	12
嫌いだ	싫어하다	5
切る	자르다	17
着る	입다	5
綺麗だ	예쁘다, 곱다	7
綺麗だ	깨끗하다	10
金	금	6
銀行	은행	5
近所	근처	8
金曜日	금요일	8
具合が悪い	몸이 안 좋다	10
クァベギ	꽈배기	11
空港	공항	5
空港バス	공항버스	16
9月	구월	15
九九	구구단	13
薬	약	11
薬を飲む	약을 먹다	13
果物	과일	9
靴	구두	14

靴下	양말	14
国	나라	6
～くらい	~정도	17
クラシック	클래식	14
来る	오다	7
車	차	17
クレジットカード	신용카드	17
黒色	검정색	17
クローゼット	옷장	5
軍隊	군대	16
経営学	경영학	9
経済学	경제학	8
警察	경찰	6
携帯電話	휴대폰	12
ケーキ	케이크	17
ゲーム	게임	6
ゲーム機	게임기	13
化粧品	화장품	14
消す	끄다	11
月	월	6
～月	~월	15
結構だ	되다	9
結婚	결혼	5
欠席する	결석하다	13
月曜日	월요일	10
現金	현금	17
健康だ	건강하다	11
～個	~개	16
五	오, 다섯	5
子犬	강아지	8
幸運	행운	5
公園	공원	8
講義	강의	7
高校生	고등학생	6
高速バス	고속버스	17
紅茶	홍차	7
購入する	구입하다	12
コーヒー	커피	3
コーラ	콜라	16
5月	오월	15
故郷	고향	9
国語	국어	5
国際関係学	국제관계학	9
国内	국내	5
黒板	칠판	12
ここ	여기	6
午後	오후	6

心	마음	4
五十	오십, 쉰	15
午前	오전	6
交通カード	교통 카드	17
答える	답하다	12
コチュジャン	고추장	11
こちら	이쪽	12
小包	소포	17
今年	올해	16
子ども	아이	2
この	이~	2
ご飯	밥	4
ごま油	참기름	17
ゴミ	쓰레기	12
小麦粉	밀가루	17
米	쌀	17
これ	이것, 이거	6
これから	앞으로	10
今回	이번	8
今月	이번 달	16
コンサート	콘서트	9
今週	이번 주	13
今週末	이번 주말	9
コンテンツ	컨텐츠	13
今度	다음	8
今日	오늘날	5
こんにちは	안녕하세요 안녕하십니까	6
コンビニ	편의점	5
コンピューター	컴퓨터	7

さ

サークル	동아리	10
～歳	살	16
最高	최고	3
最後に	마지막으로	13
最低気温	최저기온	16
財布	지갑	17
探す	찾다	8
咲く	피다	7
作成する	작성하다	17
昨年	작년	16
昨夜	어제 저녁	14
桜	벚꽃	7
酒	술	10
刺身	회	14
さす（傘を）	쓰다	14
冊	권	16
サッカー	축구	6
雑誌	잡지	7
札幌	삿포로	4
砂糖	설탕	8
寒い	춥다	7
サムギョプサル	삼겹살	11
参鶏湯	삼계탕	11
～さん	~씨	6
三	삼, 셋, 세~	5
参加する	참가하다	10
3月	삼월	15
三十	삼십, 서른	4
散歩する	산책하다	8
四	사	5
～氏	~씨	6
～時	시	16
試合	경기	6
ジーンズ	청바지	14
塩	소금	17
しかし	하지만	7
4月	사월	15
時間	시간	10
試験	시험	6
仕事	일	7
辞書	사전	16
静かに	조용히	12
下	아래, 밑	8
7月	칠월	15
実家	고향	9
質問	질문	12
自転車	자전거	7
自動車	자동차	6
市内バス	시내버스	17
しばしば	때때로, 종종, 자주	9
ジム	헬스장	14
閉める	닫다	12
写真	사진	10
週	주	8
十	십, 열	5
十一	십일, 열하나	5
11月	십일월	15
修学旅行	수학여행	13
10月	시월	15
十九	십구, 열아홉	15
十五	십오, 열다섯	5
十三	십삼, 열셋	5

ジュース	주스	3
終声	받침	7
渋滞する	막히다	11
十七	십칠, 열일곱	15
十二	십이, 열둘	5
12月	십이월	15
十八	십팔, 열여덟	15
週末	주말	7
重要だ	중요하다	8
十四	십사, 열넷	5
十六	십육, 열여섯	15
授業	수업	7
塾	학원	14
宿題	숙제	7
受験	입시	13
出勤する	출근하다	16
出張	출장	14
出発する	출발하다	8
首都	수도	6
趣味	취미	3
小学生	초등학생	13
生姜茶	생강차	13
小説	소설	7
焼酎	소주	16
商品券	상품권	16
醤油	간장	17
ショートメッセージ	문자	17
食事	식사	17
食堂	식당	8
しょっぱい	짜다	3
ショッピングする	쇼핑하다	8
資料	자료	8
知る	알다	12
新学期の始まり	개학	10
新幹線	신칸센	17
診察	진찰	17
神社	신사	13
親戚	친척	16
新聞	신문	7
水	수	6
水泳	수영	6
水曜日	수요일	10
スープ	수프	3
スカート	치마	3
スカーフ	스카프	14
スキー	스키	9
好きだ	좋아하다	5
すぐ	곧	4
少ない	적다	7
少し	조금	7
過ごす	지내다	9
涼しい	시원하다	7
スタイル	스타일	11
すっかり	완전히	16
スプーン	숟가락	5
スポーツ	스포츠	6
ズボン	바지	3
スマートフォン	스마트폰	13
すまない	미안하다	11
住む	살다	7
スリッパ	슬리퍼	16
する	하다	7
座る	앉다	5
スンデ	순대	11
スンドゥブチゲ	순두부찌개	11
生活	생활	11
清潔だ	깨끗하다	10
正門	정문	12
セーター	스웨터	3
背負う	메다	14
世宗文化会館	세종문화회관	10
世界	세계	3
世界一周	세계 일주	14
是非	꼭	17
狭い	좁다	11
千	천	15
先月	지난달	16
専攻	전공	9
選手	선수	6
先週	지난주	16
先生	선생님	4
全部	전부	15
全部で	전부	15
専門店	전문점	15
～双	~켤레	16
象	코끼리	3
掃除	청소	7
掃除する	청소하다	14
そうしましょう	그래요	10
そうですか	그래요	8
ソウル	서울	4
～足	~켤레	16
そして	그리고	11
育つ	키우다	9
そちら	그쪽	12
卒業式	졸업식	5
外	밖	4
その	그~	12
その通りです	맞아요, 그럼요	11
祖父	할아버지	16
ソファー	소파	8
祖母	할머니	16
空	하늘	15
それ	그것	6
それで	그래서	8
それでも	그래도	7
それなら	그럼, 그러면	10

た

～だ	~이다	6
タイ	태국	6
～たい	싶다	14
～台	~대	16
体育	체육	10
大運動場	대운동장	10
大会	대회	10
大学	대학, 대학교	4
大学生	대학생	6
退勤する	퇴근하다	11
大使館	대사관	17
高い	높다	10
高い (値段が)	비싸다	3
たくさん	많이	11
タクシー	택시	10
助ける、手伝う	돕다	11
正しいもの	맞는 것	12
～たち、～ら	~들	9
立つ	서다	9
タッカルビ	닭갈비	11
棚	선반	15
楽しい	재미있다, 즐겁다	7
タブレット	태블릿	17
食べ物	음식	7
食べる	먹다	7
たまに	가끔	9
玉ねぎ	양파	9
だめだ	안 되다	9
貯める	모으다	14
誰	누구	3
単語	단어	5
誕生日	생일	15

ダンス	댄스	6
暖房	난방	17
小さい	작다	7
近い	가깝다	7
近く	근처	8
地下鉄	지하철	7
チキン	치킨	17
チゲ	찌개	17
チケット	표	3
チケット	티켓	12
父	아버지	3
チヂミ	부침개	11
チヂミ	전	15
チャプチェ	잡채	11
蚕室野球場	잠실야구장	10
注意	주의	3
中学生	중학생	13
中国	중국	6
駐車場	주차장	14
駐車する	주차하다	14
注文する	시키다, 주문하다	12
兆	조	15
調査	조사	13
朝食	아침	10
ついに	드디어	3
使う	쓰다	7
疲れる	피곤하다	11
付き合う	사귀다	8
次	다음	8
着く	도착하다	14
机	책상, 탁자	15
作る	만들다	7
作る(お弁当を)	싸다	11
作る(友だちを)	사귀다	8
付ける	붙이다	5
点ける	켜다	9
つける	끼다, 차다	14
集い	모임	10
常に	늘, 항상	9
強い	세다	10
～で	~에서, ~서	8
～である	~이다	6
～である(連体形)	~인	16
提出	제출	12
ディズニーランド	디즈니랜드	16
程度	~정도	17
停留所	정류장	12
デザート	디저트	14
出てくる	나오다	13
では	그럼	10
デパート	백화점	5
～ではない	아니다	6
手袋	장갑	16
出前する	시키다	11
出る	나다, 나오다	11
天気	날씨	10
展示会	전시회	10
電子工学	전자공학	9
電車	전철	4
電話	전화	7
電話番号	전화번호	5
～と	~과, ~와, ~하고	9
土	토	6
～度	~도	16
ドア	문	12
ドイツ	독일	6
動画	동영상	9
東京	도쿄	4
どうして	왜	2
どうしてですか	왜요	2
東大門デザインプラザ	동대문디자인플라자	10
到着する	도착하다	14
どうですか	어때요	3
豆腐	두부	3
動物	동물	9
どうやって	어떻게	8
道路	도로	12
遠い	멀다	7
時	때	13
時々	때때로, 종종	9
解く	풀다	12
読書	독서	6
特に	특히	5
時計	시계	3
どこ	어디	6
どこで	어디서	10
ところが	하지만	7
ところで	그런데	10
登山	등산	13
登山電車	등산열차	13
図書館	도서관	6
閉じる	덮다	12
どちら	어느 쪽	11
トッポキ	떡볶이	11
とても	너무	8
土鍋	뚝배기	15
隣	옆	8
どの	어느	12
どのくらい	얼마나	10
止まる	서다	9
友だち	친구	6
土曜日	토요일	10
ドラマ	드라마	7
鳥	새	3
努力	노력	4
撮る	찍다	10
どれ	어느 것	11
な		
～ない	안	10
ない	없다	8
内容	내용	15
中	안, 중	8
長い	길다	13
泣く	울다	7
なくす	잃어버리다	5
なぜ	왜	2
夏	여름	7
七	칠, 일곱	5
七十	칠십, 일흔	15
何	무엇, 몇~	6
何も	아무 것도	14
何を	뭘	9
名前	이름	6
ならう	따라 하다	12
習う	배우다	7
なる	되다	9
何日	며칠	15
何の	무슨~	9
二	이, 둘, 두~	2
に	~에	7
2月	이월	15
肉	고기	3
二十	이십, 스물, 스무~	15
偽物	가짜	3
～日	~일	6
日曜日	일요일	10
日記	일기	7
日本	일본	4
日本人	일본 사람	6

入学	입학	5
入学する	입학하다	8
入門	입문	5
ニューヨーク	뉴욕	8
鶏	닭	4
人気	인기	11
人形	인형	17
ニンニク	마늘	17
人参	당근	9
抜く	뽑다	11
脱ぐ	벗다	5
ネギ	파	15
猫	고양이	9
値段	값	4
熱	열	11
寝る	자다	9
～年	~년	15
～年生まれ	년생	15
～の	~의	6
ノート	공책	13
ノートパソコン	노트북	8
喉	목	11
飲む	마시다	7
乗る	타다	7

は

～は	은/는	6
はい	예, 네	2
～杯	~잔	16
入っている	들어 있다	11
俳優	배우	6
入る	들어오다	12
履く	신다	5
朴	박	4
白菜	배추	9
博物館	박물관	8
ハサミ	가위	3
橋	다리	3
箸	젓가락	17
始まる	시작하다	10
始め、初めて	처음	6
場所	장소	17
走り	달리기	7
走る	뛰다	11
バス	버스	6
畑	밭	4
働く	일하다	7
八	팔, 여덟	4
八十	팔십, 여든	15
8月	팔월	15
発音	발음	5
ハットグ	핫도그	11
発表する	발표하다	8
鳩	비둘기	16
花	꽃	4
鼻	코	3
話す	말하다	10
話す	이야기하다	12
花火	불꽃놀이	14
母	어머니	3
早く	빨리	10
早めに	빨리, 일찍	10
春	봄	4
春休み	봄 방학	13
晴れだ	맑다	10
半	반	4
～番	~번	15
パン	빵	4
範囲	범위	10
漢江公園	한강공원	10
ハングル	한글	4
ハングルの日	한글날	16
ピアノ	피아노	6
ビール	맥주	16
日傘	양산	14
～匹	~마리	16
飛行機	비행기	16
ビザ	비자	17
美術館	미술관	13
引越し	이사	8
人	사람	6
一つ	하나	3
人々	사람들	7
日の出	해돋이	5
ビビンバ	비빔밥	11
ビビン冷麺	비빔냉면	15
百	백	15
百万	백만	5
病院	병원	7
美容室	미용실	17
開かれる	열리다	16
開く	펴다	9
ビル	건물	12
比例	비례	3
広い	넓다	4
拾う	줍다	12
ブーツ	부츠	16
吹く	불다	12
服	옷	4
福岡	후쿠오카	4
釜山	부산	8
再び	다시	10
二つ	둘	5
普段	보통	7
普通	보통	7
船	배	17
不便だ	불편하다	11
踏む	밟다	4
冬	겨울	7
冬休み	겨울 방학	14
ブラウス	블라우스	14
ブラジル	브라질	6
フランス	프랑스	6
降る	오다	10
降る	내리다	10
プルコギ	불고기	8
プレゼント	선물	17
ブログ	블로그	14
～分	분	10
文化	문화	7
踏んで	밟고	4
～へ	~에	7
平均	평균	16
平日	평일	7
海雲台	해운대	14
ページ	쪽	12
ベトナム	베트남	6
部屋	방	4
勉強	공부	7
勉強する	공부하다	7
帽子	모자	14
ボーリング	볼링	9
ボールペン	볼펜	6
僕	나	6
僕の	내	9
北海道	홋카이도	9
ホットク	호떡	11
ポップアート	팝아트	10
本	책, ~병	4
本棚	책꽂이, 책장	15
ホンデ、弘益大学	홍대	13

本当に、とても	정말, 참	7

ま

マート	마트	9
～枚	장	16
毎週	매주	14
毎日	매일	7
前	앞	4
～前	전	16
マカロン	마카롱	9
巻く	매다	14
また	또, 다시	3
待つ	기다리다	9
マッコリ	막걸리	16
祭り	축제	13
～まで	~까지	8
窓	창문	4
学ぶ	배우다	7
真似する	따라 하다	12
豆	콩	17
守る	지키다	12
万	만	15
見える	보이다	13
磨く	닦다	5
ミカン	귤	9
短い	짧다	5
水	물	6
水遊び	물놀이	5
水冷麺	물냉면	15
店	가게	7
味噌	된장	17
道	길	11
緑豆	녹두	15
ミネラルウォーター	생수	16
ミュージカル	뮤지컬	10
見る、観る	보다	7
みんな	모두	16
昔	옛날	5
剥く	깎다	11
向こう側	건너편	12
難しい	어렵다	7
娘	딸	4
目	눈	11
～名	~명	16
メール	이메일	7
眼鏡	안경	11
メディア	미디어	13
メニュー	메뉴	11
～も	~도	11
木	목	6
木曜日	목요일	10
もちぎょうざスープ	떡만둣국	15
もちろんです	그럼요	13
持つ	들다	12
もっと	좀 더	12
紅葉	단풍	7
もらう	받다	17
問題	문제	12

や

夜間開場	야간개장	12
野球	야구	6
焼く	굽다	14
約束	약속	16
野菜	야채, 채소	9
安い	싸다	8
休み (学校の)	방학	5
休む	쉬다	7
家賃	방값	8
薬局	약국	9
薬菓	약과	11
山	산	9
ヤンニョムチキン	양념치킨	11
遊園地	놀이공원	13
優雅	우아	2
夕方	저녁	8
夕食	저녁밥, 저녁	14
郵便局	우체국	17
有名だ	유명하다	8
遊覧船	유람선	14
雪	눈	10
指輪	반지	14
良い	좋다	5
曜日	요일	15
ヨーロッパ	유럽	13
よく	잘	6
よく	자주	9
横	옆	8
横になる	눕다	11
横浜	요코하마	6
読む	읽다	4
読むこと	읽기	4
余裕	여유	2
夜	밤	4
喜ぶ	기뻐하다	13
四	넷, 네~	16
四十	사십, 마흔	15

ら

ラーメン	라면	10
ライオン	사자	9
来月	다음 달	8
来週	다음 주	8
来年	내년	8
ラジオ	라디오	3
ランニング	달리기	7
リコーダー	리코더	13
理由	이유	2
留意	유의	2
留学	유학	8
留学生	유학생	9
流行	유행	5
寮	기숙사	17
利用する	이용하다	13
料理	요리, 음식	6
料理する	요리하다	10
緑茶	녹차	7
旅行	여행	6
旅行する	여행하다	9
～輪	송이	16
リンゴ	사과	11
リュックサック	배낭	14
0	영, 공	5
礼儀	예의	2
冷麺	냉면	15
レストラン	레스토랑	16
レポート	리포트	7
練習	연습	9
連絡	연락	5
連絡する	연락하다	10
ロープウェイ	로프웨이	13
六	육, 여섯	5
6月	유월	15
六十	육십, 예순	15

わ

わあ!	와!	16
我が国	우리나라	3
若者	젊은이	5
我が家	우리 집	6
分かる	알다	12

ミソリ 1

—「美しい音」で学ぶ初級韓国語—

検印省略

© 2019 年　1 月 30 日　初版発行
2024 年　1 月 30 日　改訂初版発行

著者　李忠均
崔英姫

発行者　小川　洋一郎
発行所　株式会社　朝日出版社
101-0065　東京都千代田区西神田 3-3-5
電話　03-3239-0271/72
振替口座　00140-2-46008
http://www.asahipress.com/

組版／(株)剛一　印刷／信毎書籍印刷

乱丁、落丁本はお取り替えいたします。
ISBN978-4-255-55712-0 C1087